Mythes et réalités
sur l'entraînement physique

Infographie : Marie-Josée Lalonde
Révision : Charlotte de Celles
Correction : Élyse-Andrée Héroux

Les illustrations contenues dans ce livre aux pages 135 à 137 et 196 proviennent de www.Physigraphe.com, qui propose plus de 3500 images et plus de 1500 vidéos et animations d'exercices physiques. Physigraphe est conçu spécialement à l'intention des professionnels et des spécialistes de l'entraînement musculaire et thérapeutique.

PHYSIGRAPHE

Catalogage avant publication de Bibliothèque et Archives nationales du Québec et Bibliothèque et Archives Canada

Lussier, Martin, 1973-

Mythes et réalités sur l'entraînement physique

Comprend des réf. bibliogr.

ISBN 978-2-7619-3252-3

1. Éducation physique. 2. Condition physique. 3. Entraînement (Sports). I. Toussaint, Pierre-Mary, 1973- . II. Titre.

GV341.L87 2012 613.7 C2012-940296-6

03-14

Dépôt légal : 2012
Bibliothèque et Archives nationales du Québec

ISBN 978-2-7619-3252-3

DISTRIBUTEURS EXCLUSIFS :

Pour le Canada et les États-Unis :
MESSAGERIES ADP*
2315, rue de la Province
Longueuil, Québec J4G 1G4
Téléphone : 450-640-1237
Télécopieur : 450-674-6237
Internet : www.messageries-adp.com
* filiale du Groupe Sogides inc.,
filiale de Québecor Média inc.

Pour la France et les autres pays :
INTERFORUM editis
Immeuble Paryseine, 3, allée de la Seine
94854 Ivry CEDEX
Téléphone : 33 (0) 1 49 59 11 56/91
Télécopieur : 33 (0) 1 49 59 11 33
Service commandes France Métropolitaine
Téléphone : 33 (0) 2 38 32 71 00
Télécopieur : 33 (0) 2 38 32 71 28
Internet : www.interforum.fr
Service commandes Export – DOM-TOM
Télécopieur : 33 (0) 2 38 32 78 86
Internet : www.interforum.fr
Courriel : cdes-export@interforum.fr

Pour la Suisse :
INTERFORUM editis SUISSE
Case postale 69 – CH 1701 Fribourg – Suisse
Téléphone : 41 (0) 26 460 80 60
Télécopieur : 41 (0) 26 460 80 68
Internet : www.interforumsuisse.ch
Courriel : office@interforumsuisse.ch
Distributeur : OLF S.A.
ZI. 3, Corminboeuf
Case postale 1061 – CH 1701 Fribourg – Suisse
Commandes :
Téléphone : 41 (0) 26 467 53 33
Télécopieur : 41 (0) 26 467 54 66
Internet : www.olf.ch
Courriel : information@olf.ch

Pour la Belgique et le Luxembourg :
INTERFORUM BENELUX S.A.
Fond Jean-Pâques, 6
B-1348 Louvain-La-Neuve
Téléphone : 32 (0) 10 42 03 20
Télécopieur : 32 (0) 10 41 20 24
Internet : www.interforum.be
Courriel : info@interforum.be

Gouvernement du Québec – Programme de crédit d'impôt pour l'édition de livres – Gestion SODEC – www.sodec.gouv.qc.ca

L'Éditeur bénéficie du soutien de la Société de développement des entreprises culturelles du Québec pour son programme d'édition.

Conseil des Arts du Canada / Canada Council for the Arts

Nous remercions le Conseil des Arts du Canada de l'aide accordée à notre programme de publication.

Nous reconnaissons l'aide financière du gouvernement du Canada par l'entremise du Fonds du livre du Canada pour nos activités d'édition.

Martin Lussier • Pierre-Mary Toussaint

Préface d'Étienne Boulay

Mythes et réalités sur l'entraînement physique

LES ÉDITIONS DE L'HOMME
Une société de Québecor Média

TABLE DES MATIÈRES

La croyance forte ne prouve que sa force,
non la vérité de ce qu'on croit.
NIETZCHE

PRÉFACE

En écrivant ces lignes, je m'aperçois à quel point le temps passe vite. J'ai encore l'impression que c'était hier : 1996, alors que je poursuivais mes études secondaires et que je faisais partie de l'équipe de football du collège Jean-Eudes, j'ai rencontré Pierre-Mary Toussaint. J'avais fait appel à son expertise pour améliorer mes qualités physiques de jeune joueur de football. Je me souviens avoir été grandement impressionné par la confiance que bon nombre d'athlètes professionnels et amateurs accordaient à son équipe d'entraîneurs (dont Martin Lussier fait aussi partie). Bénéficier des connaissances de tous ces spécialistes de la préparation physique et côtoyer tous ces athlètes lors de mes entraînements alors que je n'avais que 13 ans a été une grande source de motivation et m'a fourni la base de mon développement comme futur athlète professionnel. À ce jour encore, je profite toujours des conseils judicieux de Pierre-Mary.

Voilà maintenant 15 ans que je m'entraîne pour devenir un meilleur athlète. Faire de la musculation et de la course, bien manger et prendre tous les moyens pour prévenir les blessures composent mon quotidien pour assurer ma performance comme joueur de football professionnel. Au fil des ans, par l'entremise d'entraîneurs, de coéquipiers et de sportifs d'autres disciplines, j'ai été bombardé de théories sur l'entraînement physique. Comme athlète, j'ai toujours trouvé que je disposais de peu de moyens pour vérifier l'exactitude de toutes ces informations. Sans doute comportaient-elles des vérités, des demi-vérités, des mythes et même des contradictions ?

Et lorsque je connaissais la réponse, je ne compte plus le nombre de fois où j'ai entendu véhiculer des affirmations sur l'entraînement alors qu'elles étaient – et sont toujours – partiellement ou totalement fausses. Dans le milieu du football, il n'est pas rare de voir des équipes faire de longs étirements statiques avant un match ou une pratique, soi-disant pour améliorer la performance ou prévenir les blessures, ou encore de voir des joueurs faire un retour au calme actif après un entraînement pour « chasser l'acide lactique » de leurs muscles et ne pas avoir à en ressentir les effets lors de la séance du lendemain. Combien de fois ai-je vu des coéquipiers augmenter leur nombre de répétitions en musculation dans le but d'être plus découpé ? En lisant ce livre, j'ai pu enfin retrouver, rassemblées, plusieurs bases de l'entraînement qui permettent d'éclaircir différents mythes solidement ancrés dans les milieux sportifs.

Ce livre unique en son genre vous donnera des réponses et éveillera votre sens critique sur beaucoup de pratiques ou ouï-dire liés à l'activité physique. Que vous soyez un athlète aguerri ou que vous cherchiez à rendre votre programme d'activités physiques plus efficace, cet ouvrage devrait devenir votre livre de référence. Pour ma part, j'utilise l'information précieuse qu'il contient pour m'assurer que mon entraînement physique demeure fidèle aux connaissances scientifiques actuelles. Je suis convaincu que cela fera de moi un athlète plus efficace et plus performant.

Bonne lecture !

ÉTIENNE BOULAY
Joueur de football professionnel
Gagnant de la Coupe Grey en 2009 et en 2010 avec
les Alouettes de Montréal

AVANT-PROPOS

Ce livre est né du désir profond qui nous anime comme enseignants, entraîneurs et sportifs passionnés de partager nos connaissances et de rendre accessibles au plus grand nombre les concepts et les théories qui permettent de discerner le vrai du faux en matière d'entraînement physique.

Cet ouvrage aborde une quarantaine de thèmes, tous introduits par une affirmation couramment entendue dans le monde de l'entraînement et du conditionnement physique. Cette affirmation est-elle un mythe, une demi-vérité ou une réalité ? La réponse y est clairement expliquée et présentée sous différents angles, et se base sur les connaissances les plus actuelles. Chaque thème ainsi démythifié vous en apprendra davantage sur la réponse du corps à l'activité physique, les techniques d'entraînement ou encore les pratiques à privilégier.

Nous avons regroupé les thèmes en six grandes catégories, sous forme de chapitres : l'entraînement aérobie, l'entraînement musculaire, la perte de poids, la performance sportive, les méthodes d'entraînement et la santé. Les thèmes sont indépendants les uns des autres : vous pourrez donc les lire dans l'ordre que vous souhaitez, selon vos champs d'intérêt. Les concepts clés propres à une catégorie sont également présentés dans les rubriques « Pour mieux comprendre », au début de certains chapitres. Ces concepts simples vous fourniront les bases nécessaires pour bien comprendre les explications plus détaillées fournies au fil des différents thèmes. N'hésitez pas à vous y référer pour rafraîchir vos connaissances en cours de lecture. Enfin, vous trouverez en conclusion de chaque sujet des suggestions de thèmes connexes sur lesquels vous voudrez certainement approfondir vos connaissances !

Nous espérons que ce guide vous permettra de faire de meilleurs choix en matière d'activité physique et d'atteindre vos objectifs d'entraînement.

MARTIN LUSSIER ET PIERRE-MARY TOUSSAINT

MYTHES ET RÉALITÉS
SUR L'ENTRAÎNEMENT AÉROBIE

Si les exercices cardiovasculaires font très souvent partie des programmes d'entraînement de ceux qui veulent améliorer leur santé, maximiser leurs performances sportives ou perdre du poids, ils demeurent pour plusieurs entourés de mystère. Comment savoir s'il est plus efficace de suivre un entraînement continu ou par intervalles ? Comment doit-on mesurer et contrôler l'intensité des exercices aérobies ? Est-il dangereux de courir un marathon ? Peut-on réellement trouver un deuxième souffle quand on fait du cardio ? En lisant ce chapitre, vous comprendrez comment vous pouvez rendre votre entraînement aérobie efficace, varié, sécuritaire et spécifique au sport que vous pratiquez.

POUR MIEUX COMPRENDRE L'ENTRAÎNEMENT AÉROBIE

Système aérobie (système cardiovasculaire)

Le système aérobie permet de produire de l'énergie à partir de l'oxygène pour réaliser des activités cardiovasculaires comme la course à pied, le vélo ou la natation. Durant l'exercice, le système aérobie est associé à des exercices d'endurance de plus de 5 minutes. Lorsqu'on le mesure, le système aérobie se divise en deux volets : le VO_2max et l'endurance aérobie.

Le **VO_2max** représente le volume maximal d'oxygène consommé par unité de temps lors d'un exercice aérobie. Il permet de mesurer l'efficacité combinée du cœur, des poumons, des vaisseaux sanguins et des muscles actifs à transporter et à utiliser l'oxygène. La consommation d'oxygène s'exprime en $ml \cdot kg^{-1} \cdot min^{-1}$. Cette unité de mesure indique le nombre de millilitres d'oxygène consommé pour chaque kilogramme de poids corporel, et ce, à chaque minute. Pour plus de simplicité, l'expression ml/kg/min sera utilisée dans ce livre. L'intensité d'exercice correspondant au VO_2max peut être maintenue pour une durée maximale de 5 à 7 minutes. Un test connu du VO_2max est celui de Léger-Navette, aussi appelé « test des bips ».

L'**endurance aérobie** est la capacité de maintenir un effort le plus longtemps possible à un pourcentage relativement élevé de la consommation maximale d'oxygène. Dès que l'effort est d'une durée supérieure à 5 minutes, l'endurance aérobie influence la performance. Plus la durée d'effort est longue, plus l'endurance aérobie devient importante pour la performance.

Le système anaérobie

Le système anaérobie permet une production élevée d'énergie sans utiliser l'oxygène pour des exercices courts et intenses, comme un saut, un sprint ou une levée de charge. Le système anaérobie se divise en deux systèmes : alactique et lactique.

Le **système anaérobie alactique** permet de réaliser des efforts très intenses, de très courte durée (1 à 10 secondes), comme un plongeon, un lancer au baseball ou un service au tennis.

Le **système anaérobie lactique** permet de réaliser des efforts intenses, de courte durée (20 secondes à 2 minutes), comme un 400 m en athlétisme, une présence au hockey ou un 200 m style libre en natation.

Les méthodes d'entraînement aérobie et anaérobie

La méthode d'**entraînement cardiovasculaire de type continu** est une méthode où l'intensité est constante ou quasi constante tout au long de l'effort. Cette méthode est conseillée pour l'entraînement de l'endurance aérobie.

La méthode d'**entraînement par intervalles** est composée d'efforts intenses suivis de périodes de récupération. La récupération peut être active, comme une marche, ou passive comme le repos. La méthode par intervalles se divise en différents types selon la durée des efforts : courts, moyens et longs.

- Les intervalles longs (plus de 5 minutes) sont conseillés pour l'entraînement de l'endurance aérobie.
- Les intervalles courts et moyens (moins de 5 minutes) sont conseillés pour l'entraînement du VO_2max et du système anaérobie lactique.

MYTHE ? COURIR UN MARATHON : UNE QUESTION DE VO_2MAX

L'utilisation du système aérobie peut impliquer deux composantes : la consommation maximale d'oxygène (VO_2max) ou l'endurance aérobie. La sollicitation de ces composantes varie en fonction du type d'effort à fournir au cours d'une performance aérobie. Comme nous le verrons, la capacité de courir un marathon n'est pas uniquement dépendante du VO_2max.

Qu'est-ce que le VO_2max ?

Le VO_2max, appelé aussi consommation maximale d'oxygène, est la valeur de référence en condition physique pour évaluer le système aérobie. Il représente le volume maximal d'oxygène consommé par unité de temps lors d'un exercice aérobie comme la course à pied ou le vélo. Il permet de mesurer l'efficacité combinée du cœur, des poumons, des vaisseaux sanguins et des muscles actifs à transporter et à utiliser l'oxygène lors d'exercices cardiovasculaires. Le VO_2max se mesure en millilitres d'oxygène par kilogramme de poids par minute (ml/kg/min). Chez l'adulte, la valeur moyenne du VO_2max se situe entre 35 et 45 ml/kg/min.

En général, il est possible de transposer le VO_2max en intensité d'effort, comme une vitesse de course. Par exemple, une vitesse de course de 10 km/h équivaut à une consommation d'oxygène d'environ 35 ml/kg/min, alors qu'une vitesse de 15 km/h correspond à environ 53 ml/kg/min.

Des valeurs records de VO_2max avoisinant les 90 ml/kg/min ont été mesurées chez des athlètes célèbres comme Bjorn Daelhi (96 ml/kg/min), Greg Lemond (92 ml/kg/min), Miguel Indurain (88 ml/kg/min) et Lance Armstrong (85 ml/kg/min). À titre comparatif, les joueurs de la Ligue nationale de hockey ont un VO_2max moyen de 60 ml/kg/min, les lanceurs de disque, de 47 ml/kg/min et les lutteurs de sumo japonais, de 31 ml/kg/min.

Qu'est-ce que l'endurance aérobie maximale?

L'endurance aérobie maximale peut se définir comme la capacité de maintenir un pourcentage relativement élevé de la consommation maximale d'oxygène le plus longtemps possible. Par conséquent, la mesure de l'endurance aérobie est dépendante du VO_2max. Comme pour le VO_2max, différents tests permettent d'évaluer l'endurance aérobie. Une mesure possible de l'endurance aérobie maximale se fait au moyen d'un test dont l'intensité correspond à un pourcentage du VO_2max. Par exemple, pour un VO_2max de 56 ml/kg/min correspondant à 16 km/h, une durée d'effort maximal pourrait être testée à 75 % de cette vitesse, soit 12 km/h.

Tout dépend de la durée de l'effort

L'être humain est capable de maintenir une intensité correspondant à sa consommation maximale d'oxygène (par exemple, une vitesse de 15 km/h) pour une durée maximale de 5 à 7 minutes.

Lorsque la durée d'une performance avoisine les 5 à 7 minutes, le VO_2max a une influence déterminante sur tout effort continu sollicitant de grandes masses musculaires comme la course à pied (p. ex., le 1 500 ou le 3 000 m en athlétisme), le vélo, la natation (p. ex., le 400 ou le 800 m en style libre) ou le patinage.

Pour une durée d'effort excédant les 5 à 7 minutes, le VO_2max et aussi l'endurance aérobie sont primordiaux. Par exemple, lors d'une épreuve de course de 10 km, il est essentiel que l'athlète ait un fort VO_2max pour atteindre une vitesse élevée. De plus, l'athlète devra être capable de maintenir cette vitesse pendant environ 30 minutes. Pour le maintien de la vitesse, l'endurance aérobie prend donc toute son importance. Plus la durée de l'effort augmente, plus l'endurance aérobie est déterminante. Ainsi, pour un marathon (42,2 km), l'athlète doit accorder une plus grande importance à l'endurance dans le choix de ses contenus d'entraînement que pour un 10 km, mais moins que pour un ultramarathon de 100 km.

Si toutefois la durée de l'effort maximal est inférieure à 5 minutes, l'endurance aérobie n'a plus d'importance. Les déterminants de la performance sont alors le VO_2max et le système anaérobie. Ce dernier permet une production élevée d'énergie par la dégradation rapide des sucres sans utiliser d'oxygène. Plus la durée est courte, plus le système anaérobie devient le facteur déterminant de la performance. Lors d'un lancer du javelot en athlétisme ou d'un service au tennis par exemple, la performance, d'un point de vue énergétique, dépend presque entièrement du système anaérobie.

LA RÉALITÉ EN BREF

Pour courir un marathon, il ne faut pas seulement un bon VO_2max, il faut aussi une bonne endurance aérobie. Ainsi, l'entraînement pour les épreuves de longue durée doit cibler ces deux composantes de la performance aérobie.

Vous avez aimé ce sujet ? Lisez :

- Pour un bon VO_2max : pédaler, pédaler et encore pédaler ! (p. 22)
- L'entraînement continu : la base de tous les entraînements (p. 26)
- Aïe ! J'ai couru si longtemps que j'ai frappé le mur (p. 169)
- Courir un marathon : à vos risques et périls ! (p. 43)
- Boire trop d'eau durant l'exercice : impossible ! (p. 164)

MYTHE ? POUR UN BON VO_2MAX : PÉDALER, PÉDALER ET ENCORE PÉDALER !

On l'a vu, le VO_2max est une mesure de l'efficacité combinée du cœur, des poumons, des vaisseaux sanguins et des muscles actifs à transporter et à utiliser l'oxygène lors d'exercices cardiovasculaires. L'endurance aérobie est, quant à elle, la capacité de maintenir un pourcentage relativement élevé du VO_2max le plus longtemps possible.

Pour les sportifs d'endurance aérobie, le VO_2max et l'endurance aérobie sont des qualités essentielles à la performance. À l'aide de quels contenus et méthodes d'entraînement peut-on améliorer le VO_2max ? Plusieurs sportifs limitent leur contenu d'entraînement au maintien d'une intensité constante sur de longues durées. Font-ils le bon choix ?

Méthode d'entraînement continu

Que ce soit en natation, à vélo, en course à pied ou en ski de fond, la méthode continue suggère le maintien d'une intensité constante ou quasi constante tout au long de l'entraînement (p. ex., courir à une vitesse de 10 km/h pendant 2 heures). En général, avec cette méthode, l'intensité varie de 60 à 80 % du VO_2max, selon la durée de l'effort et le niveau d'entraînement du sportif. Il est facile de comprendre que plus la durée de l'effort est longue, plus une intensité élevée sera difficile à maintenir. Le niveau d'entraînement aérobie influence aussi la capacité de maintenir une intensité élevée de l'effort : plus le niveau d'entraînement est élevé, plus l'intensité maintenue sera potentiellement élevée.

Cette méthode relativement simple est idéale pour l'amélioration de l'endurance aérobie, mais bien qu'elle permette une certaine amélioration du VO_2max, elle n'est pas optimale. D'autres méthodes utilisent des intensités plus élevées qui se rapprochent davantage de l'intensité correspondant au VO_2max. Ces méthodes, que nous décrirons brièvement, seront donc plus appropriées pour améliorer le VO_2max.

Méthodes d'entraînement intermittent

Une méthode d'entraînement intermittent peut comporter des arrêts, être irrégulière ou discontinue. Les plus utilisées parmi ces méthodes sont la méthode par intervalles et la méthode Fartlek.

> **L'entraînement par intervalles** a été inventé durant les années 1930 par le Dr Hans Reindell, cardiologue allemand, dans le but de soigner ses patients cardiaques. Par la suite, c'est l'entraîneur allemand Woldemar Gerschler qui utilisa cette technique afin d'améliorer les performances d'athlètes de haut niveau.

Méthode par intervalles

La méthode par intervalles impose une structure planifiée composée d'efforts suivis de récupération active ou passive. La méthode par intervalles se divise en différentes catégories selon les durées d'efforts : intervalles longs (5 à 15 minutes d'effort), intervalles moyens (2 à 4 minutes) et intervalles courts (30 à 90 secondes). Si l'effort n'excède pas 5 minutes et que la durée de récupération est suffisante (minimum 2 à 3 minutes), il est possible de maintenir une intensité légèrement supérieure ou équivalente à l'intensité correspondant au VO_2max : la méthode par intervalles devient, en ce sens, une méthode spécifique pour l'amélioration du VO_2max. En voici un exemple simple : 10 répétitions de 1 minute d'effort à 100 % du VO_2max et 2 minutes de récupération passive entre les efforts. Un autre exemple pratique de contenu en intervalles favorisant l'amélioration du VO_2max pourrait être la montée en vélo à intensité élevée de la voie Camillien-Houde du mont Royal, site d'une épreuve internationale de vélo. Sur cette montée, d'un peu plus de 1 km avec une pente moyenne de 8 %, il faut environ 4 minutes aux cyclistes pour atteindre le belvédère avec vue sur la ville de Montréal. Après un repos de 2 à 4 minutes, le tout pourrait être répété de 4 à 8 fois. Toutefois, si la durée d'effort excède 5 minutes ou que les durées de récupération sont courtes (p. ex., 3 répétitions de 10 minutes à 85 % du VO_2max suivies de 3 minutes de récupération), c'est l'endurance aérobie qui sera davantage entraînée et potentiellement améliorée.

Méthode Fartlek

Inventée par Gösta Holmér, la méthode Fartlek («jeu de vitesse» en suédois) est une méthode à structure variable qui alterne des intensités faibles à moyennes et des intensités élevées. Cette méthode se différencie de la méthode par intervalles par la variabilité de son contenu pendant une séance donnée. Prenons par exemple un entraînement de ski de fond de 45 minutes composé de l'enchaînement des efforts suivant:

- 5 minutes en intensité moyenne
- 30 secondes de sprint
- 10 minutes en intensité moyenne
- 90 secondes de sprint
- 15 minutes en intensité faible
- 7 sprints de 15 secondes, chaque sprint étant suivi de 2 minutes à intensité faible

Le contenu de l'entraînement varie selon les objectifs. En général, l'endurance aérobie est entraînée surtout lorsque les intensités demeurent inférieures à celles correspondant au VO_2max. Le système anaérobie peut être amélioré partiellement avec des augmentations d'intensité très fortes de courte durée. Le VO_2max peut lui aussi être amélioré par la méthode Fartlek si les intensités se rapprochent de celles correspondant au VO_2max. En général toutefois, cette méthode ne favorisera pas l'optimisation du VO_2max.

LA RÉALITÉ EN BREF

Plusieurs méthodes et contenus peuvent être utilisés pour améliorer l'aptitude aérobie. Cependant, si l'objectif est d'améliorer le VO_2max, la méthode par intervalles est la plus spécifique, donc la plus appropriée.

Vous avez aimé ce sujet? Lisez:

- Courir un marathon: une question de VO_2max (p. 43)
- L'entraînement continu: la base de tous les entraînements (p. 26)
- L'entraînement par intervalles: trop compliqué! (p. 31)
- L'entraînement par intervalles: trop épuisant! (p. 35)

MYTHE ? L'ENTRAÎNEMENT CONTINU : LA BASE DE TOUS LES ENTRAÎNEMENTS

Le système aérobie peut être entraîné par une méthode continue, c'est-à-dire avec une intensité constante ou presque constante tout au long de l'exercice. Un exemple d'entraînement continu prolongé pourrait être une course à pied de 60 minutes à une vitesse constante de 10 km/h. En entraînement sportif, l'utilisation de la méthode continue est courante, peu importe la discipline. Il ne fait aucun doute que l'entraînement aérobie par la méthode continue est essentiel à tout sportif pratiquant des activités physiques aérobies comme le vélo de route, la course de fond ou le triathlon. Cela dit, cette méthode d'entraînement est-elle vraiment appropriée pour les activités à dominante anaérobie, c'est-à-dire les sports comportant des efforts de courte durée à haute intensité comme le baseball, le tennis ou le football américain ?

1re croyance : L'entraînement aérobie continu est, traditionnellement, un bon entraînement !

L'entraînement par la méthode continue est de pratique courante. Les entraîneurs utilisent les formules qui le caractérisent depuis plusieurs années, sans même se demander si elles sont adéquates. Notre sport national en est un bon exemple. En effet, il est courant de voir des joueurs de hockey faire des entraînements hors glace à l'aide de la méthode continue prolongée, à vélo ou en course à pied. En plus de promouvoir l'entraînement traditionnel, les entraîneurs accordent une importance démesurée à l'évaluation du système aérobie dans les sports anaérobies comme le hockey. Comme nous l'avons vu précédemment, la capacité de maintenir l'intensité correspondant à la consommation maximale d'oxygène est d'environ 5 à 7 minutes. Or, la présence sur la patinoire d'un joueur professionnel de hockey est d'environ 30 à 60 secondes, en excluant le gardien de but. Il y a en outre, entre chacune de ces présences, un repos passif d'environ 3 à 5 minutes. Par conséquent, la performance du joueur de hockey dépend beaucoup plus du système anaérobie que du système aérobie. L'évaluation et l'entraînement du VO_2max chez les joueurs de hockey ne sont donc pas injustifiés, mais ils ne sont pas non plus primordiaux.

2e croyance : L'entraînement aérobie continu améliore la récupération !

Voilà probablement la raison principale pour laquelle les entraîneurs utilisent l'entraînement continu avec des athlètes pratiquant des sports où l'aptitude aérobie n'est pas une qualité essentielle. On suppose qu'une puissance aérobie maximale (VO_2max) élevée permet une meilleure récupération entre les efforts, que ce soit à l'entraînement ou en compétition. Toutefois, l'entraînement aérobie continu prolongé n'est pas la meilleure méthode pour améliorer la puissance aérobie maximale. C'est l'entraînement par intervalles qui présenterait l'avantage d'augmenter de façon plus marquée le VO_2max. Cette amélioration favoriserait ainsi une meilleure récupération entre des efforts répétés d'intensité élevée.

3e croyance : L'entraînement aérobie continu est la méthode idéale pour la perte de gras !

Le pourcentage de tissu adipeux corporel est un facteur déterminant de la performance anaérobie. Par exemple, un joueur de hockey sur glace avec un surpoids aura plus de difficulté à accélérer et n'atteindra pas une vitesse aussi élevée que s'il était moins gras. L'entraînement continu de faible intensité est souvent utilisé chez les athlètes de puissance cherchant à perdre le poids excédentaire qui nuit à leur pratique sportive. Toutefois, plusieurs études montrent que l'entraînement de haute intensité permet une dépense énergétique et une perte de graisse supérieures ou similaires à celles obtenues par l'entraînement continu d'intensité faible à modérée.

4e croyance : L'entraînement aérobie continu : rien de mieux pour une récupération active !

Certains entraîneurs utilisent l'entraînement continu pendant une journée de récupération active pour augmenter la circulation sanguine dans les tissus musculaires, ce qui aurait pour effets possibles une accélération de la réparation des tissus, une meilleure élimination des déchets produits par le corps et un approvisionnement accru en nutriments. Or, ces effets liés à la circulation sanguine ne sont pas seulement attribuables à l'entraînement continu ; n'importe quel type d'exercice de faible intensité et de courte durée mènera au même résultat. Pour un athlète de puissance par exemple, une courte séance d'entraînement musculaire, de faible intensité, augmenterait la circulation localisée tout en évitant les effets négatifs de l'entraînement continu sur la force et la puissance musculaires maximales, dont il sera question plus loin.

5e croyance : L'entraînement aérobie continu prépare aux intensités plus élevées !

Plusieurs entraîneurs et sportifs croient, à tort, que l'entraînement continu permet de préparer le corps aux intensités exigées par la pratique d'activités sportives anaérobies. Prenons l'exemple du jogging et du sprint, deux types de course à pied. Lorsqu'on les compare, on constate aisément que ces deux activités et les qualités physiques qu'elles exigent sont différentes. Au lieu de suivre un entraînement aérobie continu en jogging, l'athlète pratiquant un sport où la vitesse de course est importante bénéficierait davantage de séances de sprint où la quantité d'entraînement augmente progressivement d'une semaine à l'autre. De plus, un renforcement musculaire spécifique préparerait son corps à la réalisation de sprints d'intensité élevée.

La ligue nationale de football américain (NFL) et l'association nationale de basketball (NBA) montrent bien à leurs recrues potentielles admissibles au repêchage que l'endurance et la puissance aérobies ne sont pas des facteurs de performance dans ces deux sports. En effet, on n'effectue aucun test de performance aérobie dans les camps d'évaluation physique des candidats au repêchage de ces deux ligues professionnelles. Les athlètes de ces sports comprennent donc que l'entraînement aérobie continu n'a pas d'effet sur leur performance et qu'il ne devrait pas faire partie de leur programme d'entraînement.

Effets négatifs sur la performance anaérobie

Comme nous venons de le voir, le choix de l'entraînement aérobie continu prolongé (60 minutes et plus) pour des athlètes de puissance est difficilement justifiable. En outre, ce type d'entraînement comporte des effets négatifs pour la performance anaérobie.

L'entraînement continu prolongé sera généralement de faible intensité (environ 60 à 70 % de l'intensité correspondant au VO_2max) et celle-ci peut compromettre la capacité du corps à déployer une force musculaire importante à une vitesse élevée (puissance musculaire). En effet, les muscles s'adaptent à cette faible intensité, ce qui entraîne une diminution de leur capacité à produire une puissance élevée.

L'entraînement aérobie continu prolongé peut causer une certaine dégradation du tissu musculaire. Cet effet négatif pour la performance anaérobie est le résultat de la diminution de la testostérone, une hormone favorisant la croissance musculaire, et de l'augmentation du cortisol, une hormone causant la dégradation musculaire. Une diminution de la masse musculaire peut donc nuire à la performance anaérobie, qui dépend de la force et de la puissance musculaires.

L'entraînement aérobie continu prolongé, s'il s'ajoute à d'autres entraînements plus spécifiques de la performance anaérobie, augmente également la quantité totale d'entraînement du sportif. Cette augmentation peut causer un surentraînement et diminuer la performance.

LA RÉALITÉ EN BREF

Le choix d'une méthode d'entraînement peut être déterminant pour la performance sportive. Pour les athlètes dont la performance est principalement déterminée par le système anaérobie, il semble judicieux d'éliminer l'entraînement aérobie par la méthode continue prolongée.

Vous avez aimé ce sujet ? Lisez :

- L'entraînement par intervalles : trop compliqué ! (p. 31)
- L'entraînement par intervalles : trop épuisant ! (p. 35)

MYTHE ? L'ENTRAÎNEMENT PAR INTERVALLES : TROP COMPLIQUÉ !

Il existe différentes méthodes d'entraînement cardiovasculaire. La méthode la plus populaire est sans contredit la méthode continue, qui consiste à maintenir une intensité constante ou quasi constante tout au long de l'effort, en excluant l'échauffement et le retour au calme. L'entraînement intermittent, au contraire de la méthode continue, suggère des variations d'intensité. Une méthode structurée d'entraînement intermittent est la méthode par intervalles, à laquelle on reproche cependant sa trop grande complexité. Nous tenterons de démythifier et d'apaiser certaines appréhensions associées à ce type d'entraînement.

Qu'est-ce que l'entraînement par intervalles ?

L'entraînement par intervalles propose l'alternance de périodes d'effort et de repos. Le repos peut être actif (marche ou jogging léger) ou passif (arrêt complet de l'exercice).

L'entraînement par intervalles expliqué

Le contenu d'un entraînement par intervalles consiste en : le nombre de séries (**S**), le nombre de répétitions par série (**Rép.**), le temps d'effort (**T**) ou la distance à franchir (**D**), l'intensité recherchée (**I**), le temps de récupération entre les séries (**TR**) et entre les répétitions (**tr**). Nous pouvons illustrer le contenu de l'entraînement par intervalles à l'aide de ces symboles : **S (Rép. x T @ I, tr) TR**

Contenu d'un entraînement par intervalles

À première vue, l'entraînement par intervalles peut sembler complexe, mais un exemple concret simplifiera sa compréhension.

Emil Zátopek, légende de l'athlétisme, a remporté quatre titres olympiques en plus d'établir 18 records mondiaux (du 5000 m au 42,2 km). Le Tchécoslovaque fit évoluer l'entraînement par intervalles au milieu du XXe siècle en fractionnant la distance de l'épreuve. À son paroxysme, Zátopek accomplit jusqu'à 100 intervalles de 400 m (80 secondes par 400 m) en un seul entraînement.

Voici un exemple d'entraînement (excluant l'échauffement et le retour au calme) à la course à pied par intervalles courts pour une personne dont l'intensité correspondant au VO_2max ou la vitesse maximale aérobie (VMA) est de 16 km/h:

2 S (5 rép. x 1 min @ 16 km/h, 1 min tr) 5 min TR

1re série: 1 minute d'effort à 100 % de la VMA (ex.: 16 km/h)
1 minute de repos actif (jogging à 8 km/h)
5 répétitions
5 minutes de repos passif entre la 1re et la 2e séries

2e série: 1 minute d'effort à 100 % de la VMA (ex.: 16 km/h)
1 minute de repos actif (jogging à 8 km/h)
5 répétitions

Comme différents types d'intervalles permettent d'atteindre différents objectifs, il est essentiel de connaître les buts à atteindre pour déterminer le contenu d'un entraînement. Ceux-ci détermineront le nombre de séries et de répétitions, la durée et l'intensité de l'effort, ainsi que la durée et l'intensité du repos. Afin de mieux choisir le type d'intervalles à privilégier, voici une description des paramètres qui caractérisent les types d'intervalles.

Pour les intervalles longs, dont la durée d'effort est de 5 à 15 minutes, on recommande une série de 2 à 5 répétitions. En général, le repos est plus court que l'effort (30 à 50 % de la durée de ce dernier). Compte tenu de la durée d'action et du temps de repos, on suggère une intensité d'environ 80 à 90 % du VO_2max ou une perception de l'effort[1] d'environ 14 sur 20 au début de l'effort, et de 17 à 20 sur 20 en fin d'effort. Ce contenu améliorera principalement l'endurance aérobie, soit la capacité de maintenir un pourcentage relative-

1. Voir «Échelle de perception de l'effort», page 34.

ment élevé de la puissance aérobie maximale. Par exemple, les intervalles longs sont appropriés pour les coureurs sur une distance de 10 km et plus.

Pour les intervalles moyens, dont la durée d'effort est de 2 à 5 minutes, on recommande une série de 5 à 10 répétitions. En général, le repos est plus court que l'effort (50 à 75 % de la durée de ce dernier). Compte tenu de la durée d'action et du temps de repos, on suggère une intensité d'environ 85 à 95 % du VO_2max ou une perception de l'effort d'environ 16 sur 20 au début de l'effort, et de 18 à 20 sur 20 en fin d'effort. Ce contenu améliorera principalement la puissance aérobie maximale. Par exemple, les intervalles moyens sont appropriés pour les coureurs sur une distance de 1 à 5 km.

Pour les intervalles courts et très courts, dont la durée d'effort est de 15 à 90 secondes, on recommande 2 à 5 séries de 4 à 10 répétitions. En général, le repos est d'une à deux fois plus long que l'effort. Compte tenu de la durée d'action et du temps de repos, on suggère une intensité d'environ 95 à 120 % de l'intensité correspondant au VO_2max ou une perception de l'effort d'environ 18 sur 20 au début de l'effort, et de 18 à 20 sur 20 en fin d'effort. Ce contenu améliorera principalement la puissance aérobie maximale (VO_2max) et la puissance anaérobie lactique (effort d'intensité très élevée d'une durée de 20 secondes à 2 minutes). Par exemple, les intervalles courts et très courts sont appropriés pour les coureurs sur des distances de 400 et 800 m.

Paramètres des différents types d'entraînement par intervalles

Types d'intervalles	Court	Moyen	Long
Objectifs de l'entraînement	↑ VO_2max ↑ puissance anaérobie lactique	↑ VO_2max	↑ Endurance aérobie
Durée d'effort (D)	15 à 60 secondes	1 à 5 minutes	5 à 15 minutes
Temps de récupération (tr)	15 secondes à 5 minutes	1 à 3 minutes	3 à 5 minutes
Nombre de répétitions (Rép.)	10 à 20	5 à 10	2 à 5
Pourcentage du VO_2max (I)	Plus de 95 %	85 à 95 %	80 à 90 %
Pourcentage de la fréquence cardiaque maximale (I)	90 à 100 %	90 à 100 %	85 à 100 %

La principale différence entre l'entraînement par intervalles et l'entraînement continu est l'intensité de l'effort. Grâce au repos actif ou passif, l'utilisation des intervalles permet une intensité supérieure (comme une vitesse de course plus rapide) à celle de la méthode continue pour une même durée d'entraînement et un même niveau de fatigue. Par conséquent, lorsque l'objectif est d'augmenter la puissance aérobie maximale ou la puissance anaérobie lactique, l'entraînement par intervalles est tout indiqué.

LA RÉALITÉ EN BREF

Avouons-le, l'entraînement par intervalles est plus compliqué que l'entraînement continu. Toutefois, déterminer son contenu d'entraînement peut s'avérer relativement simple si l'on suit les guides proposés. Malgré cela, si l'utilisation de ces derniers apparaît encore une fois trop complexe, on peut simplement respecter son principe de base, soit l'alternance d'effort et de récupération.

Vous avez aimé ce sujet? Lisez:

› L'entraînement par intervalles: trop épuisant! (p. 35)

Échelle de perception de l'effort (adaptée de Borg*)

6	Aucun effort
7	Extrêmement facile
8	Très, très facile
9	Très facile
10	Facile
11	De facile à modéré
12	Modéré
13	Plus modéré que difficile
14	De modéré à difficile
15	Plus difficile que modéré
16	Difficile
17	Très difficile
18	Très, très difficile
19	Extrêmement difficile
20	Effort maximal

* Borg, G. *Borg's Perceived Exertion and Pain Scales, Human Kinetics,* 1re édition (1998), 104 p.

MYTHE ? | L'ENTRAÎNEMENT PAR INTERVALLES : TROP ÉPUISANT !

En plus d'être considéré par plusieurs comme trop complexe, l'entraînement par intervalles est souvent associé à une perception d'effort très élevé, allant jusqu'à l'épuisement. L'utilisation des intervalles peut laisser des souvenirs marquants, et il n'est pas rare en effet que les sportifs perçoivent l'effort comme considérable. Les commentaires à la suite de ce type d'entraînement vont du simple « C'était difficile » à l'extrême « C'était tellement épuisant que j'ai vomi ! ». Cette méthode devrait-elle donc être réservée à ceux dont l'objectif d'entraînement est d'atteindre un niveau de fatigue très élevé ? L'entraînement par intervalles est-il obligatoirement très épuisant ? Et, par conséquent, l'entraînement par intervalles doit-il être réservé uniquement aux athlètes motivés et de haut niveau ?

L'entraînement par intervalles favorise les intensités élevées !

En raison de leur structure d'alternance effort-repos, les intervalles permettent des intensités élevées, ce qui occasionne en général des perceptions d'effort élevé sur plusieurs répétitions. Il est donc possible de ressentir un niveau de fatigue considérable à la fin de chacune des répétitions (p. ex., de 19 à 20 sur 20 sur l'échelle de perception de l'effort), car le repos permet une récupération suffisante pour recommencer un travail menant de nouveau à un grand niveau de fatigue. Généralement, les entraînements par intervalles peuvent effectivement être épuisants lorsque leur intensité engendre une perception d'effort élevé à la fin de chaque répétition.

L'entraînement par intervalles : accessible à tous

Il est possible de s'entraîner avec la méthode par intervalles en augmentant progressivement l'intensité pour éviter une perception d'effort trop élevé associée à une augmentation des risques de blessures musculaires, tendineuses, osseuses ou articulaires, ainsi qu'à une perte de motivation. Si vous êtes un néophyte de l'entraînement par intervalles, vous pouvez ajuster votre contenu d'entraînement pour que la perception de l'effort à chaque répétition soit seulement de niveau moyen. Au fil des entraînements, l'augmentation progressive de l'intensité de l'effort optimisera l'atteinte de vos objectifs. L'entraînement par intervalles permet des contenus dont l'intensité est déterminée en fonction des objectifs, de la motivation ou du niveau d'entraînement.

Prenons un exemple concret: l'initiation à la course à pied. L'effort ici est le jogging et le repos actif, la marche. Afin d'augmenter progressivement le niveau de difficulté, il est possible d'augmenter progressivement le temps d'action ou la vitesse de course et de diminuer progressivement le temps de repos. L'entraînement par intervalles dans un but d'initiation à la course à pied offre alors l'avantage d'augmenter progressivement la durée d'effort de la marche vers la course.

L'entraînement par intervalles: un choix qui mène à la variété

En raison de son apparente complexité et de son potentiel d'épuisement, la méthode par intervalles est souvent négligée par les sportifs au profit de la méthode continue. Il est d'ailleurs courant d'observer chez certains une pratique d'entraînement peu variée. Par exemple, il n'est pas rare de voir certains sportifs s'entraînant en salle utiliser la méthode continue sur vélo stationnaire pendant 30 minutes à une résistance et à une fréquence déterminées, et ce, pendant plusieurs semaines et sans apporter aucune modification.

Des études récentes ont montré que l'entraînement par intervalles à haute intensité (85 à 90 % du VO_2max) permet d'obtenir de plus grands bénéfices pour la santé du système cardiovasculaire. Ce type d'entraînement est sans danger pour la majorité de la population.

À l'inverse, la méthode par intervalles favorise la variété. Or, cette dernière est un principe d'entraînement à respecter parce qu'elle crée un effet de nouveauté qui permet au corps de s'y adapter, provoquant ainsi une amélioration des qualités entraînées. En outre, elle peut augmenter la motivation des sportifs et favoriser ainsi le maintien à moyen et à long termes des habitudes d'activité physique.

LA RÉALITÉ EN BREF

En contrôlant l'intensité, il est possible de réaliser des entraînements par intervalles et d'éviter une perception d'effort trop élevé qui pourrait diminuer la motivation et augmenter les risques de blessures.

Vous avez aimé ce sujet? Lisez:

› L'entraînement par intervalles: trop compliqué! (p. 31)

MYTHE ? LA FRÉQUENCE CARDIAQUE : ESSENTIELLE POUR MESURER L'EFFORT

La mesure de la fréquence cardiaque est un moyen utilisé pour contrôler et mesurer l'intensité de l'effort lors d'exercices aérobies. Mais est-il vrai que l'on peut se fier à cette dernière pour prescrire l'intensité d'un entraînement aérobie ?

La fréquence cardiaque (ou rythme cardiaque) est le nombre de battements du cœur par unité de temps. En général, on compte le nombre de battements pendant une minute. Cette mesure s'obtient facilement pendant l'exercice à l'aide d'un moniteur de fréquence cardiaque, appelé aussi cardiofréquencemètre (ceinture munie d'un transmetteur et d'électrodes et d'un récepteur prenant généralement la forme d'une montre). La plupart des appareils aérobies électroniques permettent aussi la mesure de la fréquence cardiaque. Elle peut par ailleurs être mesurée manuellement en palpant une artère (p. ex., la carotide au niveau du cou), toutefois cette méthode demeure moins fiable que l'usage d'un moniteur de fréquence cardiaque.

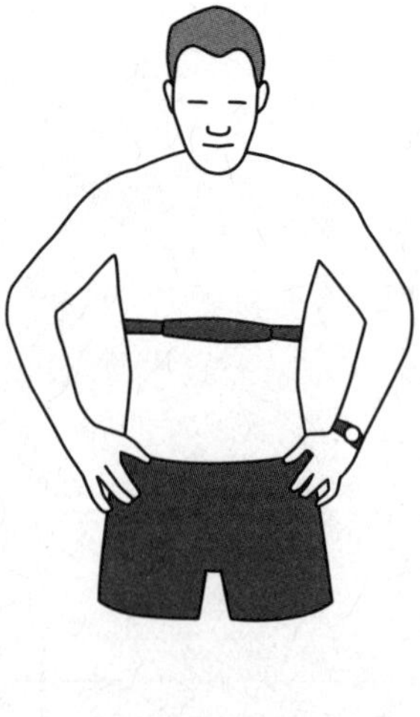

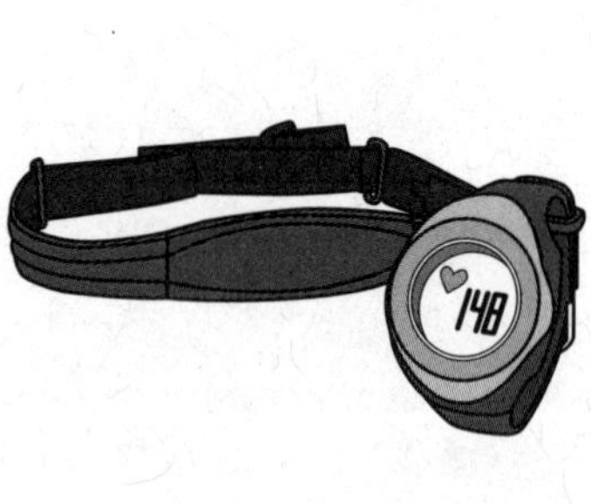

Comment utiliser la fréquence cardiaque durant l'effort ?

Le cardiofréquencemètre sans fil a été développé à l'Université d'Oulu en Finlande. C'est en 1983 que la compagnie Polar le commercialise pour la première fois.

L'utilisation de la fréquence cardiaque comme mesure de la qualité de l'effort se base sur le principe qu'elle augmente proportionnellement avec l'intensité de l'effort lors d'un exercice aérobie. Donc, pour prescrire ou mesurer l'intensité de l'entraînement, on peut simplement calculer la fréquence cardiaque cible à partir du pourcentage de la fréquence cardiaque maximale prédite ou réelle. Afin d'améliorer la capacité cardiovasculaire lors d'exercices aérobies continus, on recommande d'obtenir une intensité de 60 à 90 % de la fréquence cardiaque maximale : 60 % étant considéré comme une intensité faible permettant une durée d'effort plus longue et mieux adaptée aux débutants, et 90 % comme une intensité élevée limitant la durée d'effort et mieux adaptée à ceux qui ont de l'expérience en entraînement cardiovasculaire.

Il est préférable d'utiliser la fréquence cardiaque maximale réelle si le sportif la connaît. On peut la mesurer à la fin d'un test aérobie en course, vélo, ski de fond, natation, etc. Voici deux méthodes qui permettent de déterminer la fréquence cardiaque maximale réelle :

1) en réalisant un test où l'intensité augmente progressivement jusqu'à l'atteinte d'un effort maximal. Par exemple, le test Léger-Navette, régulièrement appelé le « test des bips » ;
2) en réalisant un test d'effort maximal d'intensité constante d'environ 3 à 5 minutes.

La fréquence cardiaque maximale prédite est déterminée par différentes équations, dont voici deux exemples :

Fréquence cardiaque maximale prédite selon Astrand = 220 – âge

Fréquence cardiaque maximale prédite selon Tanaka = 208 – 0,7 x âge

Par exemple, pour un entraînement de 30 minutes de course à pied d'intensité constante, il serait possible de s'entraîner à 70 à 80 % de la fréquence cardiaque maximale prédite. En utilisant l'équation la plus connue (220 – âge), un individu de 20 ans aurait une fréquence cardiaque cible de 140 à 160 battements cardiaques par minute.

Fréquence cardiaque maximale et zone cible pour un entraînement aérobie continu

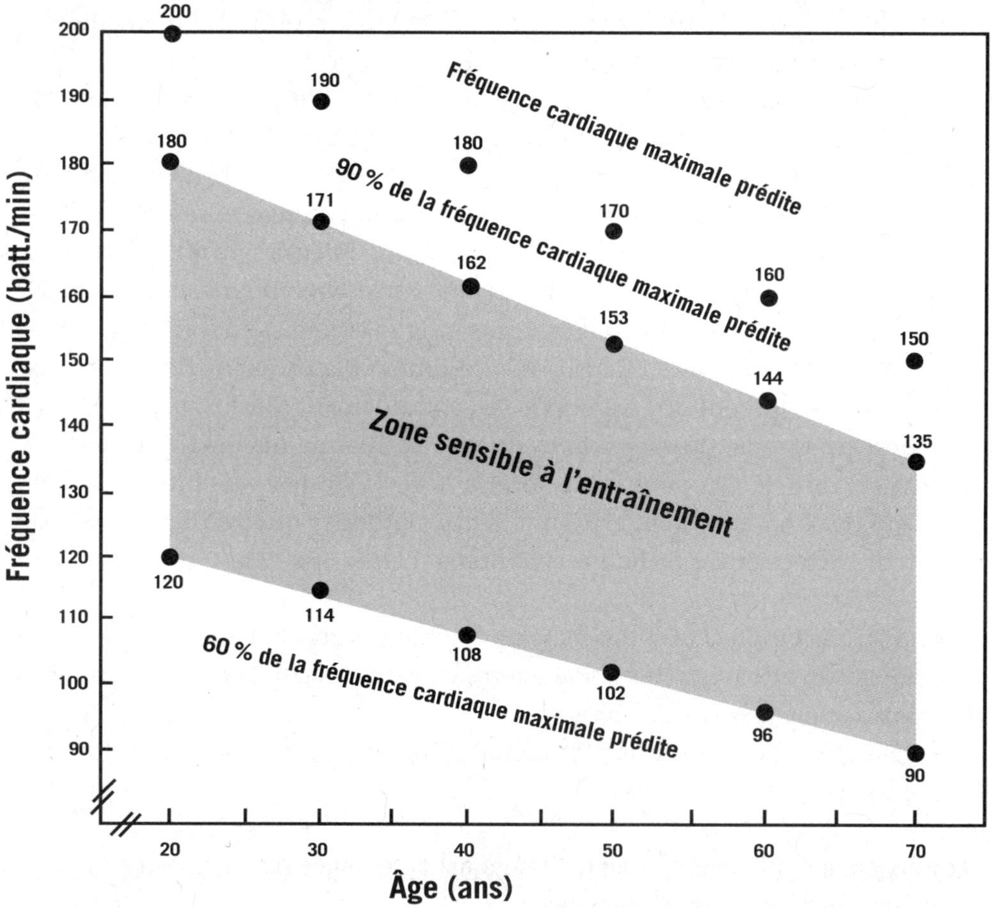

Le mythe et ses limites

Une première limite de l'utilisation de la fréquence cardiaque comme indicateur de l'intensité d'effort aérobie est que cette dernière peut plafonner alors que l'intensité continue d'augmenter. En effet, le principe qui veut que l'augmentation de la fréquence cardiaque soit proportionnelle à la consommation d'oxygène (intensité de l'effort) n'est pas toujours valide. En général, cette relation s'applique jusqu'à 85 à 90 % de la consommation maximale d'oxygène (VO_2max), mais par la suite, la fréquence cardiaque tend à plafonner lorsqu'elle approche ou atteint son maximum. Au-delà de ce niveau, elle permet difficilement de mesurer l'intensité de l'effort. Par exemple, la fréquence cardiaque pourrait être la même à 90, 95, 100, 105 ou 110 % de la vitesse de course qui est associée à la consommation maximale d'oxygène. Lors d'un effort de très haute intensité et de courte durée (anaérobie), la mesure de la fréquence cardiaque est même tout à fait inutile.

La deuxième limite est liée à l'estimation de la fréquence cardiaque maximale à partir d'une équation. La grande majorité de la population peut voir sa fréquence cardiaque maximale surestimée ou sous-estimée jusqu'à 10 battements par minute. En outre, chez les jeunes sportifs, la fréquence cardiaque maximale atteinte est en général plus basse que celle que l'on a prédite. Avec le vieillissement, la tendance s'inverse : les sportifs âgés atteindront une fréquence cardiaque maximale plus élevée que celle à laquelle on s'attend. De même, la fréquence cardiaque maximale varie beaucoup selon le type d'activités sportives. Par exemple, à vélo ou en natation, la fréquence cardiaque maximale sera de 5 à 10 battements par minute inférieure à celle de la course à pied, pour les non-spécialistes de ces disciplines.

Une autre limite importante provient de la fluctuation quotidienne de la fréquence cardiaque. Des facteurs tels que la consommation de caféine, le stress, la prise de médicaments, la fatigue physique, la digestion, la maladie et l'altitude peuvent faire varier la fréquence cardiaque pendant l'effort. Prenons l'exemple d'un athlète souhaitant contrôler son effort en compétition grâce à la mesure de la fréquence cardiaque pendant l'entraînement : il est fort possible que sous l'effet du stress lié à la compétition, sa fréquence soit plus élevée que lors de l'entraînement, et ce, malgré une intensité identique.

Une dernière limite importante vient de la dérive de la fréquence cardiaque durant un effort continu. Dans ce cas, la fréquence tend plutôt à augmenter même si l'intensité de l'effort ne change pas. Cette augmentation varie de 10 à 25 % en fonction de la durée de l'effort, de la température, de l'humidité et du niveau d'hydratation du sportif.

LA RÉALITÉ EN BREF

La fréquence cardiaque n'est qu'une mesure physiologique parmi d'autres de l'intensité de l'effort aérobie: la mesure de la consommation d'oxygène fournit davantage d'information. Toutefois, la fréquence cardiaque demeure la mesure la plus simple à utiliser et s'avère pertinente pour contrôler l'intensité d'effort des personnes présentant des facteurs de risques de maladies cardiovasculaires ou en réadaptation cardiaque. Elle est un outil intéressant, mais pour une grande majorité, n'est pas essentielle au contrôle et à la mesure de l'intensité de l'entraînement. L'intérêt de son utilisation pendant l'entraînement ou en compétition augmente cependant lorsqu'on l'emploie conjointement avec d'autres moyens de contrôle, comme la vitesse de déplacement et la perception de l'effort.

Vous avez aimé ce sujet? Lisez:

- Courir un marathon: une question de VO_2max (p. 19)
- Pour un bon VO_2max: pédaler, pédaler et encore pédaler! (p. 22)
- L'entraînement par intervalles: trop compliqué! (p. 31)
- L'entraînement par intervalles: trop épuisant! (p. 35)

MYTHE ? | COURIR UN MARATHON : À VOS RISQUES ET PÉRILS !

En 490 avant l'ère commune, lors de la première guerre entre les Grecs et les Perses, le messager grec Phidippidès aurait parcouru à la course la distance entre Marathon et Athènes (environ 40 km) pour annoncer la victoire sur les Perses à l'issue de la bataille de Marathon. Une fois arrivé à Athènes, il serait mort d'épuisement. Selon Hérodote, ce serait plutôt Euclès qui aurait péri après avoir parcouru la distance entre Marathon et Athènes.

Quelle que soit la victime, la question se pose : est-il vrai que le marathon peut mettre la vie en péril ? Selon une étude récente d'un cardiologue de Minneapolis, le taux de décès lors de cette épreuve de 42,195 km n'est que de 0,8 sur 100 000 participants. En 2011, un coureur dans la trentaine est décédé à moins de 1 km de l'arrivée à l'épreuve du 21,1 km du marathon de Montréal. Quelques semaines plus tard, un coureur âgé de 27 ans est aussi décédé à quelques mètres du fil d'arrivée, au marathon de Toronto.

La surcharge cardiaque

Le malaise cardiaque, cause principale de décès lors d'un marathon, peut s'expliquer par une hypothèse émise par Véronique Billat, physiologiste de l'exercice : au bout d'un certain temps de course, sous l'effet de la fatigue et de la déshydratation, le volume de sang éjecté à chaque battement de cœur diminue, ce qui pourrait entraîner des troubles cardiaques. Expliquons comment cela se produit.

L'auteur irlandais George Bernard Shaw a dit : « Le seul sport que j'aie jamais pratiqué, c'est la marche à pied, quand je suivais les enterrements de mes amis sportifs. »

Lors d'un effort aérobie, le corps a besoin d'oxygène pour produire de l'énergie. L'oxygène est transporté aux muscles actifs par les globules rouges du sang lors de l'exercice. Pour répondre à la demande énergétique, le cœur augmentera donc son débit (volume de sang éjecté par minute). Deux mécanismes permettent au cœur de le faire. Le premier est l'augmentation du volume d'éjection systolique (quantité de sang expulsé par le cœur à chaque battement), le second est l'accélération de la fréquence cardiaque.

Le débit cardiaque peut être illustré par une équation :

Débit cardiaque (ml/min) =
fréquence cardiaque X volume d'éjection systolique (ml)

Chez l'étudiant sportif américain de niveau secondaire ou universitaire, le nombre de mortalités reliées à l'exercice est de 1/132 000 chez l'homme et de 1/769 000 chez la femme. Toutefois, chez l'homme d'âge moyen, 1/17 000 meurent chaque année pendant la pratique d'exercice. Ces valeurs sont faibles si on les compare à la prévalence de mortalité sur la route (1/12 500) ou aux risques d'infections pendant une hospitalisation (1/133).

Dans un environnement chaud et humide, le volume d'éjection systolique tend à diminuer avec la durée de l'effort. Cette baisse atteint 30 % en moyenne après deux heures de course à pied et elle est partiellement attribuable aux effets de la régulation de la température corporelle. En effet, quand on court, on produit de la chaleur que le corps doit évacuer pour maintenir une température adéquate : environ 75 % des calories dépensées lors de l'effort sont dispersées sous forme de chaleur et seulement environ 25 % sont converties en vitesse de déplacement. C'est l'évaporation de la sueur qui permet d'optimiser l'évacuation de la chaleur : c'est ce qui explique que les coureurs perdent en moyenne 2 à 3 kg lors d'un marathon. Cette perte se compose essentiellement d'eau et non de graisse ! Or, le sang est constitué à 95 % d'eau. Ainsi, lorsqu'il y a déshydratation, le volume sanguin, la pression sanguine et le volume d'éjection systolique diminuent.

Si le coureur veut maintenir la même vitesse de déplacement, il devra maintenir l'apport en oxygène à ses muscles actifs. Pour ce faire, il devra maintenir son débit cardiaque. En raison de la diminution du volume d'éjection systolique, le cœur accélère son rythme pour maintenir l'apport en oxygène aux muscles durant l'effort. Cette accélération du rythme cardiaque, accompagnée de la diminution du volume de sang éjecté par le cœur, peut nuire au bon fonctionnement de ce dernier. Pour fonctionner, celui-ci a besoin de se remplir et de se vider de sang : si l'apport est insuffisant, dans de rares cas, un malaise cardiaque peut survenir. Les individus présentant des facteurs de risque de maladies cardiovasculaires (p. ex., inactivité physique, hypertension, tabagisme, diabète, antécédents familiaux), de l'athérosclérose (épaississement de la paroi artérielle pouvant conduire à l'obstruction de l'artère) et des anomalies cardiaques congénitales ou héréditaires mettent davantage leur vie en danger lors d'épreuves aérobies de longue durée. De plus, le manque d'entraînement et le manque de connaissances des recommandations de sécurité contribuent aussi à augmenter les risques liés à ce type d'épreuve.

D'autres causes ?

L'hyponatrémie (concentration trop faible de sodium dans le sang) peut causer des complications pouvant mener au décès lors d'efforts de longue durée comme le marathon. Le thème : « Boire trop d'eau durant l'exercice : impossible ! » l'explique davantage. Certaines formes de dopage contribuent aussi à accentuer les risques de décès.

En 2011, le Britannique d'origine indienne Fauja Singh a terminé le marathon de Toronto à l'âge vénérable de 100 ans !

LA RÉALITÉ EN BREF

Pour diminuer les risques de malaise cardiaque lors d'une épreuve de longue durée dans un environnement chaud et humide, il est important de bien s'hydrater : on recommande de boire de 150 à 250 ml d'eau toutes les

15 à 20 minutes. L'hydratation avant l'exercice peut aussi aider à prévenir la déshydratation. En outre, on recommande de porter des vêtements et une casquette de couleur pâle lors d'une épreuve à l'extérieur. Par ailleurs, un entraînement adapté aux exigences de l'épreuve (augmentation progressive des distances de course) est primordial. Finalement, si la température et l'humidité sont trop élevées (sensation de chaleur de plus de 28 °C), on recommande de ne pas participer à une épreuve d'endurance aérobie de plus d'une heure.

Vous avez aimé ce sujet ? Lisez :

- Courir un marathon : une question de VO_2max (p. 19)
- Aïe ! J'ai couru si longtemps que j'ai frappé le mur (p. 169)
- Boire trop d'eau durant l'exercice : impossible ! (p. 164)

MYTHE ? J'AI ENFIN TROUVÉ MON DEUXIÈME SOUFFLE

Le « deuxième » ou le « second souffle » est une expression utilisée principalement lors d'un entraînement ou d'une compétition de course à pied, ou d'une autre activité physique de nature aérobie. La sensation de « second souffle » fait référence à un état de mieux-être perçu par le coureur ou le sportif lors d'un effort d'une certaine durée, à une intensité donnée. Par exemple, selon cette expression, il est possible que l'effort ressenti par un coureur après 45 minutes soit moins grand que celui ressenti après 15 minutes, même si la vitesse de déplacement est restée identique. Le « second souffle » existe-t-il réellement ? Est-ce un mythe ou une réalité ?

1re hypothèse : le second souffle est une question de neurotransmetteurs

Au cours d'un exercice physique, plusieurs adaptations immédiates et transitoires se produisent dans le corps, par exemple l'augmentation des concentrations d'endorphines, de sérotonine, de dopamine et de noradrénaline. Chacune peut jouer un rôle dans la sensation de « second souffle ».

Les endorphines ou endomorphines sont des composés chimiques secrétés par le cerveau qui sont libérés par des neurones et qui agissent sur d'autres neurones (neurotransmetteurs) pendant l'exercice physique, mais aussi à la suite d'un stress, en situation de douleur et même durant l'orgasme ! Sécrétées naturellement, les endorphines ont un effet qui s'apparente à celui de la morphine par leur action analgésique et leur capacité à procurer une sensation de bien-être. La production d'endorphines dépend du type, de la durée et de l'intensité de l'exercice. Les exercices aérobies de longue durée, dont l'intensité est de 60 à 90 % de la fréquence cardiaque maximale prédite, sont ceux qui provoquent la plus importante sécrétion d'endorphines. Habituellement, un minimum de 30 minutes d'exercice aérobie, à une intensité suffisante, est nécessaire pour ressentir leurs effets anesthésiants et euphorisants. Leur production, qui peut presque quintupler lors de l'effort, aurait donc un rôle important à jouer dans la sensation du « second souffle ».

> **Le « second souffle »** est appelé par certains « l'extase du coureur » ou le « *high* du coureur ». D'autres ont même exprimé leur sensation à l'aide de termes comme : euphorie, spiritualité, puissance, grâce, déplacement sans effort, vision momentanée de la perfection, flottement dans l'irréel !

La sérotonine est un neurotransmetteur produit à partir du tryptophane, un acide aminé contenu dans les aliments comme la banane, l'ananas, la prune, le lait ou la dinde. Apportée au cerveau, elle est impliquée dans les fonctions comme la régulation de la température corporelle, les comportements alimentaires et sexuels, le cycle veille-sommeil, la douleur, l'anxiété et le contrôle moteur. De ce fait, elle influence considérablement l'humeur. Au cours de l'exercice, la concentration de sérotonine augmente et pourrait, tout comme les endorphines, avoir un effet sur la sensation de bien-être du sportif et la perception du « second souffle ».

La dopamine et la noradrénaline agissent elles aussi en tant que neurotransmetteurs. Elles sont secrétées en réponse à un état émotionnel, un stress, une douleur, un manque d'oxygène, une tension artérielle basse ou une exposition au froid. Elles interviennent aussi lors de l'exercice en augmentant l'état d'éveil et pourraient contribuer à provoquer la sensation de *high* du coureur.

Les endocannabinoïdes sont des substances produites par le corps qui pourraient elles aussi jouer un rôle dans le *high* du coureur. Celles-ci augmentent dans le sang lors d'un exercice prolongé et semblent pouvoir être associées à l'euphorie qui peut être ressentie à ce moment. Quoique différents, les effets de ces substances sont souvent comparés à ceux du cannabis, qui contient des cannabinoïdes.

Par conséquent, lorsque le sportif exprime une sensation de « second souffle » après 30 à 60 minutes d'exercice aérobie, les différents neurotransmetteurs comme les endorphines, la sérotonine, la dopamine et la noradrénaline ainsi que les endocannabinoïdes sont probablement impliqués.

2e hypothèse : le second souffle est une question d'échauffement

L'échauffement est une composante essentielle de l'entraînement. Son rôle est de préparer le corps de façon spécifique à l'effort qui sera réalisé et permet non seulement de diminuer les risques de blessures au cours de l'effort, mais aussi d'améliorer la performance durant l'entraînement ou en compétition.

Lors d'un effort aérobic, l'échauffement assure une augmentation progressive de différentes adaptations qui se produisent immédiatement au cours de l'exercice. Lors d'un échauffement, la fréquence et l'amplitude respiratoires augmentent. De plus, la fréquence cardiaque et le volume de sang éjecté à chaque battement du cœur augmentent dans le but de hausser la quantité de sang propulsée par le cœur pour une certaine durée. On observe aussi une élévation de la température du corps et des muscles. Ces différentes adaptations facilitent le transport de l'oxygène, facteur clé de l'effort aérobie. Une augmentation progressive de l'intensité a pour effet d'éviter que ces différentes adaptations se produisent brusquement et imposent un stress inutile à l'organisme.

Lorsque le sportif ne fait pas un échauffement adéquat avant l'exercice aérobie, il est possible qu'il ressente un léger inconfort dans les premières minutes d'effort et un mieux-être par la suite, lorsque les différentes adaptations transitoires du système aérobie (fréquence cardiaque, volume d'éjection systolique, fréquence et amplitude respiratoires) sont presque stabilisées. Si le sportif ressent le « second souffle » de 10 à 15 minutes après le début de l'effort, un échauffement absent ou inadéquat en durée ou en intensité pourrait en être la cause.

LA RÉALITÉ EN BREF

Lors d'un effort aérobie de longue durée, la sensation de « second souffle » peut devenir une réalité en raison de l'action combinée de différents neurotransmetteurs qui plonge le corps dans un état de bien-être ou d'euphorie (tout à fait légal !). Si l'échauffement avant l'exercice est inadéquat ou absent, cette sensation peut survenir lorsque les différentes adaptations immédiates du système aérobie atteignent une certaine stabilité.

Vous avez aimé ce sujet ? Lisez :

- Courir un marathon : une question de VO_2max (p. 19)
- Aïe ! J'ai couru si longtemps que j'ai frappé le mur (p. 169)

MYTHES ET RÉALITÉS
SUR L'ENTRAÎNEMENT MUSCULAIRE

Dès qu'il est question de muscles et de musculation, les questions fusent... et les mythes aussi ! Est-il vrai que la musculation rend moins flexible ? Que les muscles peuvent se transformer en gras lorsqu'on cesse un programme de musculation ? Qu'il est impératif de consommer un supplément de protéines après une séance de musculation ? Qu'en ayant de plus gros muscles, on devient nécessairement plus fort ? Ce chapitre répondra à de nombreuses questions fréquemment posées sur la force musculaire, les changements que peuvent subir les muscles et les moyens d'atteindre ses objectifs liés à l'entraînement musculaire.

POUR MIEUX COMPRENDRE L'ENTRAÎNEMENT MUSCULAIRE

Entraînement musculaire

Le **muscle** est un organe qui a la capacité de se contracter. Grâce à ses contractions, le muscle fait bouger les os et permet le mouvement.

La **fibre musculaire,** composée de plusieurs filaments parallèles, est la cellule du muscle. La fibre musculaire se divise en différents types.

- La **fibre musculaire rouge à contraction lente (type I)** résiste bien à la fatigue. Elle possède beaucoup de potentiel pour les exercices d'endurance aérobie et musculaire.
- La **fibre musculaire blanche de type IIx** permet une grande vitesse de contraction musculaire et développe une force élevée. Elle possède beaucoup d'attributs nécessaires aux exercices de haute intensité et de courte durée comme la force, la vitesse et la puissance musculaires.
- La **fibre musculaire blanche de type IIa** est une fibre intermédiaire. Elle a une résistance moyenne à la fatigue, permet une vitesse moyenne de contraction musculaire et développe une force moyenne.

L'entraînement en musculation peut mener à l'**hypertrophie musculaire,** c'est-à-dire à l'augmentation en grosseur des fibres qui composent le muscle. Ces fibres grossissent en raison de l'augmentation de la taille des filaments qui les composent. Cela aura pour effet d'augmenter la grosseur du muscle.

Fibres musculaires	Type I	Type IIa	Type IIx
Taille	Petite	Moyenne	Grosse
Vitesse de contraction	Lente	Rapide	Rapide
Force de contraction	Faible	Moyenne	Élevée
Résistance à la fatigue	Élevée	Moyenne	Faible

MYTHE ? ARNOLD SCHWARZENEGGER : L'HOMME LE PLUS FORT DU MONDE

(LE CORPS ET LES MUSCLES)

Les culturistes ou les adeptes du *bodybuilding* ont une masse musculaire exceptionnelle. En général, la logique porte à croire que plus les muscles sont gros, plus il est possible de générer une grande force. Si tel était le cas, les culturistes d'élite seraient les hommes les plus forts du monde. Essayons de comprendre les facteurs qui influencent la force musculaire maximale et d'expliquer pourquoi l'ex-gouverneur californien, surnommé Governator, n'aurait probablement jamais pu gagner une épreuve de niveau international où le facteur déterminant de la performance aurait été la force musculaire maximale.

Qu'est-ce que la force musculaire maximale ?

La force musculaire maximale correspond à la plus grande force qu'un muscle ou groupe de muscles peut produire pendant un effort unique de très courte durée. Différentes méthodes permettent de la mesurer. L'une des plus simples et des plus populaires consiste à mesurer la force de préhension, qui s'apparente à la force d'une poignée de main, à l'aide d'un appareil nommé dynamomètre manuel isométrique. On utilise aussi la mesure directe du 1 RM (répétition maximale). Ce test consiste à mesurer la charge maximale pouvant être soulevée, poussée ou tirée lors d'une seule répétition. En compétition sportive, la force musculaire maximale est déterminante pour des activités comme le judo, l'haltérophilie ou les concours d'hommes forts. Anciennement, les démonstrations de force maximale étaient courantes : résistance à l'écartement par des chevaux, soulèvement d'un nombre maximal de personnes, torsion d'un fer à cheval avec la bouche, tirage d'avion, tirage d'autobus avec les cheveux et ainsi de suite.

Facteurs influençant la force musculaire maximale

Différents déterminants font ou ont fait de Louis Cyr, Charles Rigoulot, Douglas Hepburn, Vassili Alekseyev, Naim Süleymanoğlu, Hossein Reza Zadeh, Hugo Girard et Mariusz Pudzianowski les hommes les plus forts du monde. La composition corporelle ainsi que la coordination intra et intermusculaire sont les principaux facteurs qui influencent la force musculaire maximale.

Composition corporelle et aspects anatomiques

La composition corporelle et certains aspects anatomiques exercent une influence importante sur la force musculaire maximale. Le volume musculaire, le type de fibres musculaires et la longueur des membres en sont les principaux facteurs déterminants.

À première vue, les adeptes du culturisme nous apparaissent comme de véritables hercules. Pourtant, certaines personnes n'hésitent pas à dire qu'ils ne sont pas les plus forts. Qui dit vrai ?

Volume musculaire

Le facteur le plus important influençant la force musculaire maximale est le volume musculaire. Globalement, cela signifie que plus un muscle est gros, plus il peut développer une grande force. Différents paramètres influencent le volume d'un muscle. Le premier est la quantité de fibres ou de cellules musculaires, qui est déterminée génétiquement : par exemple, si on compare les hommes et les femmes, la plupart des hommes ont une quantité de fibres musculaires plus élevée. Le second est l'augmentation en grosseur (hypertrophie) des fibres musculaires, qui peut se produire grâce à l'entraînement. Certaines hormones comme la testostérone et l'hormone de croissance, la récupération, la nutrition, et certains suppléments ou dopants comme les stéroïdes anabolisants ont aussi une influence sur la grosseur d'un muscle.

> **Selon une étude scientifique récente,** le scarabée appelé *Onthophagus taurus* peut traîner jusqu'à 1 141 fois sa propre masse, soit l'équivalent, pour un homme de 60 kg, de 68,5 tonnes (68 460 kg ou 150 612 lb) !

Il est important de noter qu'une augmentation du volume du muscle est possible entre autres grâce au développement de l'enveloppe du muscle (fascia).

Cette augmentation de volume musculaire est non fonctionnelle, car elle n'occasionne pas une augmentation de la force. Il existe aussi une augmentation temporaire de la grosseur du muscle, qui se traduit par une accumulation localisée de liquides au niveau du muscle pendant ou après l'entraînement musculaire. Cet état temporaire n'augmente pas la force musculaire maximale non plus.

La dynamophilie est un sport où la force musculaire maximale est le facteur déterminant de la performance. Voici les records du monde pour chacun des mouvements de la dynamophilie :

- Soulevé de terre (*deadlift*) : Benedikt Magnusson avec 460,4 kg (1 015 lb)
- Développé couché (*bench press*) : Ryan Kennelly avec 500 kg (1 100 lb)
- Flexion des jambes (*squat*) : Vladislav Alhazov avec 577 kg (1 250 lb)

Une charge de 430 kg (945 lb) équivaut à 10 plaques de 20,5 kg (45 lb) de chaque côté d'une barre olympique !

Type de fibres musculaires

Le muscle se compose de différents types de fibres musculaires : les fibres de type I, IIa et IIx. Les fibres de type I sont efficaces en situation d'endurance, mais sont petites et développent peu de force. Par contre, les fibres de type IIx sont peu efficaces en endurance, mais sont grosses et développent beaucoup de force. Finalement, les fibres de type IIa, appelées fibres intermédiaires, ont une résistance moyenne à la fatigue et génèrent une force moyenne. La proportion de chacun des types de fibres varie selon les groupes musculaires et est déterminée génétiquement. Malgré cette détermination génétique, la fibre musculaire peut s'adapter à la suite d'un entraînement musculaire prolongé et ainsi modifier ses propriétés. Par exemple, une personne qui s'entraîne exclusivement en force musculaire maximale verra ses fibres de type I développer plus de force que celles d'un marathonien. Toutefois, les hommes forts bénéficient d'un avantage génétique : ils sont dotés d'une proportion plus importante de fibres de type II.

Longueur des membres

Lorsqu'on compare la force musculaire maximale des gens, il ne faut pas négliger la longueur des membres. Par exemple, on remarquera que les haltérophiles ont souvent les bras plus courts que la moyenne des gens : des leviers plus courts constituent en effet un avantage mécanique permettant de lever des charges plus lourdes. Arnold Schwarzenegger était le culturiste le plus renommé de son époque. Compte tenu de sa grande masse musculaire, il est possible d'affirmer qu'il était très fort. Toutefois, comme le culturisme accorde la priorité à l'esthétisme corporel, des jambes ou des bras trop courts sont perçus comme un manque de symétrie du corps. C'est pourquoi, dans sa discipline, des membres plus courts n'auraient pas avantagé Arnold Schwarzenegger. À l'inverse, l'haltérophile turc Naim Süleymanoðlu fut, en 1984, le deuxième haltérophile capable de développer trois fois le poids de son corps à l'épaulé-jeté (la barre est soulevée bras tendus au-dessus de la tête en deux mouvements). Compte tenu de sa petite taille (1,47 m) et de ses membres courts, le rapport entre sa force musculaire maximale et son poids corporel était avantageux.

LA RÉALITÉ EN BREF

La grosseur du muscle, le type de fibres musculaires et la longueur des membres ont un impact direct sur la force maximale que l'on peut générer. Toutefois, d'autres facteurs peuvent influencer la force ; nous les décrirons dans le prochain thème.

Vous avez aimé ce sujet ? Lisez :

- Arnold Schwarzenegger : l'homme le plus fort du monde (le système nerveux) (p. 57)
- Plus de tonus musculaire : pour des fesses plus fermes ! (p. 61)
- Faire plus de répétitions : pour être plus découpé ! (p. 64)
- N'arrête jamais l'entraînement : tes muscles se transformeront en gras ! (p. 68)
- Les suppléments de protéines : un incontournable après l'entraînement (p. 72)

MYTHE ? ARNOLD SCHWARZENEGGER : L'HOMME LE PLUS FORT DU MONDE

(LE SYSTÈME NERVEUX)

Nous avons expliqué précédemment comment la composition corporelle et les facteurs anatomiques pouvaient influencer la force musculaire maximale. Les coordinations intramusculaire et intermusculaire sont aussi des facteurs importants qui influencent cette force.

Coordination intramusculaire

Le muscle se compose de fibres musculaires qui sont stimulées par des cellules nerveuses. Le système nerveux a donc un effet sur la force musculaire maximale : il agit sur le nombre de fibres qui participeront à la contraction musculaire. La capacité du corps à solliciter un nombre maximal de fibres musculaires de manière synchronisée est déterminante pour la force. On peut améliorer ce recrutement maximal par un entraînement spécifique de force maximale, c'est-à-dire en réalisant des exercices avec des charges élevées, en limitant le nombre de répétitions maximales à 6.

L'entraînement qui vise l'amélioration de la coordination intramusculaire différera de celui qui vise l'augmentation du volume musculaire. La principale différence réside dans la charge soulevée ou dans la résistance rencontrée, qui est inversement proportionnelle au nombre maximal de répétitions par série. En général, l'individu recherchant une augmentation de sa masse musculaire effectuera de 8 à 12 répétitions au maximum, tandis que celui visant l'amélioration de la force maximale en exécutera jusqu'à 6.

Historiquement, Louis Cyr (1863-1912) est reconnu comme l'homme fort du Québec ; voici quelques-uns de ses exploits :

- En 1891, à Montréal, Louis Cyr retient pendant 55 secondes deux paires de chevaux exerçant une traction dans des directions opposées.
- En 1895, à Boston, Louis Cyr est parvenu à supporter une charge de 4337 lb sur son dos. Il est le premier humain à avoir soulevé une charge supérieure à 4000 lb pendant plus de 5 secondes.

L'inhibition autogène est un réflexe qui protège le muscle, les tendons et les os lors de la production d'une grande force, en limitant le nombre de fibres musculaires participant à la contraction. Encore une fois, l'entraînement avec charge élevée peut atténuer ce réflexe, autorisant le muscle à générer une plus grande force. En outre, comme les fibres musculaires se contractent à la suite d'un influx nerveux, plus ce dernier est intense, plus le potentiel de contraction musculaire augmente.

Coordination intermusculaire

La coordination intermusculaire représente la capacité du corps à synchroniser efficacement les divers muscles ou groupes musculaires qui permettent le mouvement et la stabilisation de certaines articulations. Par exemple, la coordination intermusculaire sera déterminante pour la réalisation de la technique complexe du mouvement de l'arraché (où la barre est soulevée au-dessus de la tête en un seul mouvement très dynamique) en haltérophilie. Par contre, si le mouvement est simple, comme une poignée de main, la coordination intermusculaire influencera peu la force. Les athlètes cherchant à améliorer leur force maximale dans une activité sportive devront donc entraîner le mouvement de façon spécifique pour améliorer l'action concertée de plusieurs muscles.

L'un des facteurs influençant la coordination intermusculaire est la cocontraction des muscles agonistes et antagonistes lors de mouvements complexes ou à vitesse explosive. Lorsque le muscle agoniste (qui permet le mouvement) se contracte, le muscle antagoniste (qui permet le mouvement opposé au mouvement agoniste) doit se relâcher pour favoriser la contraction. Par exemple, lors d'une flexion aux coudes avec charge, le biceps se contracte et le triceps doit se relâcher. L'entraînement en force maximale occasionnerait une diminution de l'activation ou de la contraction du muscle antagoniste, ce qui aurait pour effet d'augmenter la force musculaire maximale.

Le policier Hugo Girard est un homme fort bien connu au Québec. Sa force prodigieuse lui a valu d'être surnommé le Louis Cyr des temps modernes. Un de ses exploits démontrant toute sa force est d'avoir tiré un Boeing 737 de 80 tonnes (80 000 kg).

LA RÉALITÉ EN BREF

Arnold Schwarzenegger, surnommé le « chêne autrichien » pendant ses années de pratique de culturisme, était reconnu comme un homme très fort. Celui qui a incarné des symboles de force au cinéma dans des films comme *Conan le Barbare* ou *Terminator* a remporté à sept reprises le titre de Monsieur Olympia. En fin de carrière, Arnold a été concurrencé par Lou Ferrigno, dont la télévision a aussi exploité la présumée force phénoménale dans la série *L'Incroyable Hulk*.

Vu leur masse musculaire imposante, Arnold Schwarzenegger et Lou Ferrigno étaient sûrement très forts. Cependant, les facteurs qui déterminent la force musculaire maximale, comme la longueur des membres et la coordination intra et intermusculaire, n'étaient pas nécessairement suffisamment exploités chez eux pour qu'on puisse affirmer que ces culturistes vedettes étaient les hommes les plus forts du monde (comme certains des personnages télévisuels ou cinématographiques qu'ils ont incarnés peuvent le laisser croire). Il existait en effet des individus moins musclés et pourtant plus forts que ces deux stars.

Vous avez aimé ce sujet? Lisez:

- Arnold Schwarzenegger: l'homme le plus fort du monde (Le corps et les muscles) (p. 53)
- Plus de tonus musculaire: pour des fesses plus fermes! (p. 61)
- Faire plus de répétitions: pour être plus découpé! (p. 64)
- N'arrête jamais l'entraînement: tes muscles se transformeront en gras! (p. 68)
- Les suppléments de protéines: un incontournable après l'entraînement (p. 72)

MYTHE ? PLUS DE TONUS MUSCULAIRE : POUR DES FESSES PLUS FERMES !

L'expression « tonus musculaire » est utilisée fréquemment dans le monde du conditionnement physique. Que ce soit dans le titre d'un cours de groupe, dans un objectif d'entraînement mentionné par quelqu'un souhaitant améliorer sa condition physique, dans les propos d'un entraîneur en conditionnement physique ou même dans le nom d'un supplément alimentaire, l'expression « tonus musculaire » est utilisée à tort. Tentons de clarifier le sujet…

Qu'est-ce que le tonus musculaire ?

Le tonus musculaire est un état constant de tension des muscles. À moins d'isoler le muscle du reste de l'organisme, de sectionner ses fibres nerveuses ou de détruire la moelle épinière, une certaine tension musculaire sera toujours présente. Même si un muscle est au repos, il maintiendra un certain niveau de contraction correspondant au tonus. Ce dernier est aussi associé à la résistance du muscle à l'étirement : plus un muscle a du tonus, plus il résiste à l'étirement. Enfin, le tonus musculaire est essentiel au maintien de la posture et à la préparation du mouvement.

Êtes-vous certain de vouloir augmenter votre tonus musculaire ?

Une tension musculaire anormalement élevée (hypertonie) limitera l'efficacité du mouvement et nuira au bon maintien de la posture. La tension exagérée des fibres musculaires augmente le risque d'inconfort physique et de blessures musculaires ou tendineuses. Prenons l'exemple, très fréquent, d'une bascule antérieure du bassin qui occasionne une augmentation du creux lombaire : elle peut être notamment causée par une raideur du droit antérieur (muscle à l'avant de la cuisse), qui tire le bassin vers le bas sous l'effet d'un tonus élevé. De surcroît, l'hypertonie peut causer une diminution de la coordination qui pourra nuire à la performance sportive.

La tétanie est un état de contraction involontaire de certains muscles. Cet excès de tonus musculaire occasionne des épisodes de contractions musculaires, localisées surtout aux extrémités des membres, qui peuvent arquer les pieds et recroqueviller les mains.

Le mythe : une simple question de terminologie

Est-ce réellement l'augmentation du tonus musculaire que l'on recherche en conditionnement physique ? La réponse est non, sans équivoque. Mais alors, que veulent dire les gens lorsqu'ils utilisent cette expression ?

Pour certains, l'augmentation du tonus musculaire devrait se traduire par un raffermissement du corps ou d'une partie de ce dernier. Or, on ne peut pas obtenir ce résultat par l'augmentation du tonus musculaire. En effet, comme la masse grasse est moins ferme ou moins dense que la masse musculaire (surtout lorsque le muscle est contracté), le seul moyen de raffermir une partie du corps est de diminuer la quantité de gras qui se trouve entre la peau et le muscle ou encore d'augmenter la masse musculaire.

En conditionnement physique, certains recherchent en fait ce qui correspond aux termes « tonus » et « musculaire », mais de manière distincte. Comme le mot « tonus » a pour synonymes « énergie » et « dynamisme », c'est donc une augmentation de l'énergie ou du dynamisme musculaire qui semble être visée. En matière d'entraînement, cela se traduit par une amélioration de la force et de l'endurance musculaires maximales.

La plupart de ces gens parlent donc d'une combinaison de raffermissement du corps et d'augmentation de la force et de l'endurance musculaires maximales, ce à quoi certains répliqueront : « Tonus musculaire, c'est beaucoup plus simple à dire ! »

Lorsque Michael Phelps effectue des mouvements de bras juste avant une épreuve, on peut constater à quel point les muscles du célèbre nageur ne sont pas tendus.

LA RÉALITÉ EN BREF

Le désir d'augmenter son « tonus musculaire » n'est pas un objectif d'entraînement logique, même lorsque l'expression fait partie du titre d'un cours de conditionnement physique. Cette erreur de terminologie aurait avantage à être corrigée pour plus de justesse. Mais comment pourrait-on blâmer les adeptes de conditionnement physique qui commettent cette erreur, alors que plusieurs spécialistes de l'entraînement le font aussi ?

Vous avez aimé ce sujet ? Lisez :

- Faire plus de répétitions : pour être plus découpé ! (p. 64)
- N'arrête jamais l'entraînement : tes muscles se transformeront en gras ! (p. 68)

MYTHE ? FAIRE PLUS DE RÉPÉTITIONS : POUR ÊTRE PLUS DÉCOUPÉ !

La définition musculaire est le niveau d'apparence et de saillie des structures musculaires qui se trouvent sous la peau et la graisse (tissu adipeux sous-cutané). La délimitation de plusieurs muscles et l'apparence des groupes de fibres musculaires (faisceaux musculaires), des « cordons » reliant le muscle à l'os (tendons), des enveloppes musculaires (fascias) et des vaisseaux sanguins sont bien visibles chez une personne dotée d'une très grande définition musculaire. Beaucoup d'entraîneurs et d'adeptes de la musculation croient qu'on peut l'améliorer en augmentant le nombre de répétitions durant l'exécution des exercices avec charges. Qu'en est-il réellement ?

Un mythe solide... appuyé par un autre mythe

Nombreux sont ceux qui fréquentent les salles d'entraînement avec l'objectif d'améliorer leur définition musculaire. L'image de certains culturistes à la veille de leur compétition, ou de certains individus avantagés génétiquement, les pousse à chercher à obtenir un niveau de saillie musculaire comparable. Les pseudospécialistes proposeront trop souvent – et à tort – d'augmenter le nombre de répétitions par série d'exercices jusqu'à plus de 15 pour y parvenir. Dans le milieu des salles de conditionnement physique, ce procédé porte même un nom : la phase de « sèche » ou de « découpage » (de l'anglais *cutting phase*). Or, il n'y a pas qu'un seul, mais bien deux mythes qui suggèrent qu'une phase de « découpage » est possible grâce à un grand nombre de répétitions par série d'exercices. Le premier affirme qu'un nombre élevé de répétitions augmente la charge de travail et le degré de sollicitation des fibres du muscle : cette sollicitation accrue augmenterait le niveau de « découpage » du muscle lui-même. Le second prétend que le nombre élevé de répétitions accroît significativement la dépense énergétique : les réserves de graisse de la région sollicitée seraient utilisées comme source d'énergie, ce qui provoquerait une diminution de la quantité de gras et améliorerait par conséquent la saillie des structures musculaires.

Surnommé « le petit dragon », Bruce Lee, considéré comme l'un des plus grands maîtres d'arts martiaux du cinéma, avait un taux de gras probablement inférieur à 5 %, ce qui lui donnait un niveau élevé de définition musculaire malgré une masse musculaire qui n'était pas exceptionnellement développée.

Détruisons ces deux mythes avec un seul fait

Les individus qui présentent un niveau élevé de définition musculaire ont un point en commun : un très faible pourcentage de gras. On doit se rappeler qu'en observant un muscle disséqué, on distingue facilement sa forme et ses délimitations, ainsi que ses fibres, ses faisceaux, ses fascias et ses tendons. Ces éléments sont présents, indépendamment du type d'entraînement musculaire exécuté. Le facteur principal qui limite l'apparente définition du muscle et de ses composantes est la présence plus ou moins importante d'une couche de tissu adipeux sous-cutané. En effet, c'est la quantité de gras au-dessus du muscle et sous la peau qui permettra ou non d'en observer les éléments constitutifs. D'ailleurs, si nous pouvons observer ce niveau remarquable de définition musculaire chez les culturistes lors des concours, c'est parce qu'ils sont parvenus à diminuer leur pourcentage de graisse de manière exceptionnelle. Ces mordus de la culture physique utiliseront donc plusieurs moyens pour parvenir à un pourcentage de tissu adipeux inférieur à 8 % (chez l'homme) : augmentation de la dépense énergétique par l'entraînement aérobie et par l'utilisation de stimulants, diminution de l'apport énergétique à l'aide d'une diète sévère et spécifique, liposuccion et utilisation d'agents hormonaux (testostérone, hormones de croissance).

Évidemment, le volume musculaire accru des culturistes, jumelé à leur faible pourcentage de gras, vient augmenter l'apparente saillie des muscles. Il ne faut toutefois pas surestimer la contribution du volume musculaire dans l'obtention d'un haut niveau de définition. Par exemple, un culturiste qui n'est pas en période de concours aura un taux de masse grasse plus élevé : son imposante masse musculaire ne sera pas suffisante à elle seule pour donner l'impression d'un « découpage ». Par contre, en compétition, il présentera une définition musculaire remarquable, et ce, grâce à divers moyens qui lui permettront d'abaisser son pourcentage de graisse et son taux d'hydratation, donnant ainsi l'impression d'une peau plus mince.

La lipoatrophie est un trouble touchant le métabolisme des lipides. Ce dernier peut entraîner un très faible pourcentage de gras localisé et une définition musculaire exceptionnelle de certaines parties du corps chez des individus qui ne pratiquent pas la musculation.

Certes, un individu peut augmenter le nombre de répétitions pendant un entraînement musculaire pour tenter d'augmenter sa dépense énergétique totale et ainsi diminuer son taux de graisse. Cependant, cette stratégie est peu efficace puisqu'elle ne mènera qu'à une légère hausse de la dépense énergétique. En outre, lorsqu'on augmente le nombre de répétitions, le carburant énergétique principalement utilisé demeurera les sucres en réserve dans le muscle et non les réserves de graisse.

LA RÉALITÉ EN BREF

Le facteur principal qui détermine le niveau de définition musculaire est le pourcentage de gras. L'augmentation du nombre de répétitions d'exercices musculaires a très peu d'effet sur le « découpage » musculaire. Ainsi, tous les moyens qui permettent de réduire l'épaisseur du tissu adipeux sous-cutané faciliteront la saillie des structures du muscle. Tout cela, combiné à un muscle qui possède un certain volume, permettra d'augmenter la définition musculaire.

Vous avez aimé ce sujet? Lisez:

- Plus de tonus musculaire: pour des fesses plus fermes! (p. 61)
- N'arrête jamais l'entraînement: tes muscles se transformeront en gras! (p. 68)

MYTHE ? N'ARRÊTE JAMAIS L'ENTRAÎNEMENT : TES MUSCLES SE TRANSFORMERONT EN GRAS !

On remarque souvent que le corps des athlètes se transforme après la fin de leur carrière. Avez-vous vu la photo récente d'Arnold Schwarzenegger à la plage ? Et que dire des anciens joueurs de hockey bedonnants ? Mais qu'en est-il réellement ? Est-il possible que les muscles se transforment en gras ?

Des pommes et des oranges !

Le tissu adipeux, ou le gras, se compose de cellules que l'on nomme adipocytes. Il est constitué de 85 % de triglycérides (acides gras), de 10 % d'eau et de 5 % de matières sèches non lipidiques. Les adipocytes ont pour rôle de stocker la graisse. À l'âge adulte, en situation normale, le nombre d'adipocytes ne varie pas. Lorsqu'une personne grossit, ses adipocytes se remplissent sans toutefois changer en nombre. Déjà plus gros que les autres cellules, un adipocyte peut grossir jusqu'à atteindre cinquante fois sa taille habituelle. Lorsqu'il devient trop gros, il peut se multiplier jusqu'à dix fois. Selon les facteurs génétiques et les habitudes de vie d'un individu, les adipocytes verront leur volume se modifier et, possiblement, leur nombre augmenter.

Le tissu musculaire humain se compose de cellules que l'on nomme fibres musculaires (myocytes). Il est constitué de 70 à 75 % d'eau, de 20 % de diverses protéines et de 4 à 10 % de diverses substances comme les lipides, les glucides, le calcium, le potassium et le magnésium. Après un cycle d'entraînement approprié, la fibre musculaire et les enveloppes du muscle peuvent s'hypertrophier, c'est-à-dire augmenter de volume. Le principe de réversibilité, qui correspond à une baisse de la condition physique à la suite de l'arrêt ou de la diminution de l'entraînement, s'applique aussi à la fibre musculaire. Ainsi, lorsque le muscle n'est plus stimulé par l'entraînement, sa taille diminuera. Quant à l'apparition d'hyperplasie musculaire, c'est-à-dire d'une augmentation du nombre de cellules ou de fibres musculaires, elle demeure controversée : si elle se produit, c'est à très petite échelle.

On comprend maintenant aisément que les tissus musculaires et les tissus adipeux coexistent dans l'organisme. Ils sont totalement différents sur les plans métabolique et biochimique ; aussi différents que peuvent l'être deux fruits comme la pomme et l'orange ! Jamais une fibre musculaire ne deviendra un adipocyte, et vice-versa.

Un mythe qui ne tient pas la route

Ce mythe est véhiculé principalement par les opposants à la musculation et au gain de masse musculaire. Ils prétendent, à la suite d'un raisonnement erroné, qu'en évitant un gain de masse musculaire, ils éviteront aussi de voir une partie de cette masse acquise se transformer en graisse si la sollicitation musculaire venait à diminuer. Pour appuyer cette démonstration douteuse, ils citent les exemples vécus d'anciens sportifs et adeptes de la musculation ayant assisté de façon impuissante à l'augmentation de leur pourcentage de gras, à la suite de la diminution ou de l'arrêt de leur entraînement musculaire. Ainsi, ils en viennent à affirmer que si on constate une perte de muscle et un gain en masse graisseuse, c'est forcément que l'un s'est transformé en l'autre. Une fois la fausseté de cette affirmation détectée, il reste à expliquer ce qui se produit vraiment lorsque le tissu musculaire diminue et que le tissu adipeux augmente.

Une réalité possible : la diminution de masse musculaire

Comme on l'a vu précédemment, une diminution du volume musculaire est possible après l'arrêt de l'entraînement. Plus les fibres musculaires sont hypertrophiées par l'entraînement, comme chez un culturiste ou un lutteur professionnel, plus la diminution de masse musculaire liée à la diminution ou à l'arrêt de l'entraînement peut être marquée. Cette réalité se vérifie souvent chez les sportifs professionnels à la retraite qui demeurent présents dans les médias. En plus de cet état de fait causé par la diminution ou l'arrêt de l'entraînement, la sarcopénie – ou diminution de la masse et du volume musculaires liée au vieillissement – est inévitable.

Une réalité possible : l'augmentation du gras corporel

Deux facteurs peuvent entraîner une diminution de la dépense énergétique chez l'ex-sportif. Tout d'abord, le facteur le plus important est l'arrêt de l'entraînement lui-même. Ensuite, la perte potentielle de masse musculaire liée à la sédentarité ou au vieillissement qui occasionne une diminution de la dépense énergétique du métabolisme basal. Ce dernier correspond aux besoins énergétiques minimaux permettant à l'organisme de survivre au repos. Compte tenu de cette diminution, l'ex-sportif devra réduire son apport calorique pour éviter l'augmentation du gras corporel (tissu adipeux).

La ligue nationale de football américain (NFL) montre qu'elle est sensibilisée au problème de surpoids qui peut toucher ses anciens joueurs. L'organisme NFL Player Care Foundation met à la disposition des joueurs retraités un programme composé d'une évaluation médicale et d'un suivi comportant un volet exercice et nutrition.

En plus de diminuer sa dépense énergétique, il arrive que l'ancien sportif augmente son apport alimentaire. Cette situation est possiblement plus fréquente chez les athlètes ayant dû se soumettre à des restrictions alimentaires dans un objectif de performance au cours de leur carrière sportive. Pensons aux diètes strictes que doivent s'imposer les cyclistes, danseurs et danseuses de ballet classique, gymnastes et tout sportif devant respecter une certaine catégorie de poids. Une augmentation d'apport calorique associée à une diminution de la dépense énergétique occasionnera une prise de tissu adipeux encore plus importante.

Plusieurs athlètes continuent d'être actifs après leur retraite sportive et évitent ainsi une prise de poids excessive. Citons en exemple l'ex-joueur de tennis John McEnroe, l'ex-skieur de fond et cycliste québécois Pierre Harvey et l'ex-joueur de hockey des Canadiens de Montréal, Guy Lafleur.

LA RÉALITÉ EN BREF

L'arrêt de l'entraînement occasionne une diminution potentielle de la masse et du volume musculaires en plus d'une augmentation possible du tissu adipeux. Ces deux effets combinés de la sédentarité créent l'illusion d'une transformation du muscle en gras, alors qu'en fait les deux processus peuvent se produire de façon indépendante.

Vous avez aimé ce sujet? Lisez:

- Plus de tonus musculaire: pour des fesses plus fermes! (p. 61)
- Faire plus de répétitions: pour être plus découpé! (p. 64)

MYTHE ? LES SUPPLÉMENTS DE PROTÉINES : UN INCONTOURNABLE APRÈS L'ENTRAÎNEMENT

Toute personne qui met les pieds dans une salle de musculation sera tôt ou tard confrontée à l'énorme éventail de produits et suppléments en vente libre au comptoir de service. Dans la panoplie de contenants et de bouteilles exposées, les différents suppléments de protéines demeurent les produits les plus vendus. Les protéines peuvent être consommées sous forme de supplément alimentaire, mais elles sont avant tout présentes dans l'alimentation sous forme animale (viande, volaille, poisson, produits laitiers, etc.) ou végétale (céréales entières, légumineuses, noix et graines, etc.). Les protéines, nutriments essentiels, sont les éléments de base qui composent les tissus du corps comme le muscle.

On doit s'interroger sur l'utilisation grandissante de ce type de produit par une clientèle de plus en plus large. La supplémentation en protéines à la suite d'un exercice est-elle vraiment nécessaire et bénéfique pour tous ? Recommande-t-on ces suppléments en raison d'une connaissance réelle de leurs bienfaits ou pour se conformer à une vague populaire, sans tenir compte des besoins de chacun ? Ou encore, pour profiter des millions de dollars de profits que ce marché génère annuellement au Canada ?

Brad Pilon, auteur du livre *How Much Protein?*, mentionne qu'en 2011, l'industrie des suppléments alimentaires prévoyait des ventes de 6 milliards de dollars pour la supplémentation en protéines. Cette même année, on a estimé que 389 610 390 kg de suppléments de protéines seraient vendus à un prix moyen de 30 $ pour 2 kg.

Un mythe payant

La vente de suppléments alimentaires, y compris ceux de protéines, est sans contredit une industrie très lucrative. Les fabricants de ces produits et les centres qui les vendent sont loin de l'ignorer. À l'origine, les suppléments de protéines étaient réservés et consommés exclusivement par les mordus de l'entraînement musculaire (culturistes, haltérophiles, lutteurs, footballeurs américains). Ces adeptes les utilisaient pour fournir à leur organisme les nutriments essentiels à la fabrication (synthèse) des protéines musculaires après une séance de musculation exigeante. Plusieurs études sont venues étayer la pertinence de la consommation d'une certaine quantité de protéines à la suite d'un entraînement musculaire exigeant pour favoriser l'anabolisme (fabrication de nouveaux tissus musculaires) et la récupération, surtout pour celui qui doit refaire une autre séance dans un délai relativement court (24 heures ou moins). La consommation de suppléments de protéines s'est ensuite généralisée chez les athlètes de différentes disciplines intégrant la musculation à leur préparation. Aujourd'hui, en raison du marketing efficace des fabricants de ces produits et d'une mauvaise compréhension des recommandations sportives soutenues scientifiquement, la consommation de protéines après un exercice s'est largement répandue : il n'est pas rare de voir le participant à un programme de conditionnement physique général consommer une boisson avec protéines immédiatement après sa séance. Cette pratique est souvent même encouragée par le personnel des centres de conditionnement physique. Pour remettre en question ce mythe, nous devons nous interroger sur les avantages potentiels de cette consommation de protéines après l'exercice.

Supplément de protéines après l'entraînement

Une longue séance de musculation d'intensité assez élevée provoquera, en cours d'entraînement, un processus de dégradation des protéines du muscle. L'ampleur de cette dégradation du tissu musculaire dépend directement du niveau d'exigence de l'entraînement. Dans les minutes et les heures qui suivent la séance, un processus de fabrication de tissus musculaires débute. La littérature scientifique nous apprend que l'ingestion de protéines durant cette phase favorise la croissance musculaire et le retour à l'état d'avant la dégradation causée par l'entraînement musculaire. Les preuves scientifiques tendent à démontrer que la quantité optimale de protéines à ingérer pour favoriser la fabrication de protéine musculaire est d'environ 15 à 20 g (idéalement avec environ 70 à 100 g de glucides). Cette quantité doit préférablement être consommée dans les 30 minutes suivant la séance. De plus, la fabrication des protéines musculaires, ainsi favorisée par une consommation de protéines immédiatement après l'exercice, est complétée par la prise subséquente d'un repas équilibré. Cette pratique assure un apport suffisant de protéines lorsque le corps est en mode de fabrication de tissus musculaires. Cette situation est particulièrement avantageuse lorsqu'on répète une autre séance exigeante la journée suivante ou lorsqu'on vise un gain de masse musculaire.

Ce procédé ne semble toutefois pas être nécessaire lorsque la séance d'entraînement n'est ni d'une durée ni d'une intensité élevée. En effet, une séance d'un niveau d'exigence faible à modéré n'engendrera pas un processus de dégradation musculaire assez important. Immédiatement après ce type de séance, les besoins de fabrication de protéines musculaires seront donc faibles. En fait, ces derniers devraient être normalement comblés au cours du repas subséquent. N'oublions pas non plus que la boisson de protéines a un contenu calorique qui peut être incompatible avec la recherche d'une perte de poids.

Plusieurs articles scientifiques montrent que 500 ml de lait au chocolat, après un exercice intense, fournissent la quantité optimale de protéines et de glucides pour favoriser la fabrication de protéines musculaires et la récupération.

LA RÉALITÉ EN BREF

La consommation de protéines 30 minutes après l'exercice (15 à 20 g jumelés à une certaine quantité de glucides) est avantageuse pour ceux qui pratiquent la musculation à une fréquence, une durée et une intensité élevées, ainsi que pour ceux qui cherchent à reproduire une performance quelques heures plus tard ou dans la journée qui suit. Les sportifs qui visent un gain de masse musculaire profiteraient aussi de cet avantage. Cependant, cette consommation n'est pas nécessaire pour les gens qui suivent un programme de conditionnement physique général et peut même être nuisible si on désire perdre du poids.

Vous avez aimé ce sujet? Lisez:

› Faire plus de répétitions: pour être plus découpé! (p. 64)

MYTHE ? LA MUSCULATION REND MOINS FLEXIBLE

La flexibilité est déterminée par les structures musculaires, tendineuses (attache d'un muscle à un os), ligamentaires (attache d'un os à un autre os) et osseuses liées à une articulation. L'affirmation selon laquelle l'entraînement en musculation, surtout s'il s'accompagne d'un certain gain en masse musculaire, provoque une perte de flexibilité est-elle alors fondée ?

Un mythe bien ancré

Ce mythe est très répandu dans certaines activités qui exigent un haut niveau de flexibilité, comme la danse classique, les arts martiaux, la gymnastique, le patinage artistique, etc. Il est en outre fréquent d'entendre des entraîneurs et des utilisateurs de salle de musculation faire un lien direct, et trop facile, entre l'importante masse musculaire de l'adepte des poids et haltères et son manque de flexibilité. Qu'en est-il vraiment ? Comment les exercices avec résistance et l'éventuel gain en volume musculaire pourraient-ils mener à une perte de flexibilité ?

Ce qu'il faut comprendre...

Le muscle humain possède des propriétés extensibles, c'est-à-dire qu'on peut l'allonger jusqu'à un certain point sous l'action d'une force externe. Par exemple, une gymnaste qui fait un grand écart des jambes au sol utilise l'effet de la gravité pour étirer ses muscles et ainsi augmenter son amplitude de mouvement. Comme pour beaucoup de qualités musculaires, l'extensibilité du muscle est génétique et est le résultat de l'exposition plus ou moins régulière à un étirement. Ainsi, un muscle fréquemment soumis à un étirement adéquat verra sa souplesse augmentée ou maintenue. Inversement, l'absence plus ou moins prolongée de ce « stress d'étirement » pourra causer une perte de flexibilité. À ce jour, les causes de l'accroissement de la flexibilité ne sont pas clairement connues. Toutefois, certaines études concluent que le gain en flexibilité à long terme serait le résultat d'une augmentation de la tolérance à l'étirement. Cette hypothèse est appuyée par le fait que la résistance du muscle à l'étirement change très peu chez les personnes ayant augmenté leur flexibilité, bien que l'amplitude de mouvement soit accrue. Ainsi, l'étirement du muscle engendrerait une désensibilisation à la douleur qui permettrait une plus grande amplitude de mouvement.

La pratique régulière d'exercices avec charges provoque divers changements dans le muscle : augmentation des protéines permettant la contraction, du nombre de vaisseaux sanguins, du nombre de fibres musculaires sollicitées lors de la contraction, etc. Ces changements n'ont cependant pas de lien significatif avec la capacité d'étirement du muscle. Bon nombre d'études ont même démontré que des exercices avec charges exécutés à une grande amplitude de mouvement peuvent augmenter la flexibilité, surtout chez des personnes ayant une souplesse faible ou moyenne. En outre, certaines études montrent que les haltérophiles et la population normale obtiennent les mêmes résultats aux tests de flexibilité. En fait, les mouvements de musculation de grande amplitude exécutés régulièrement par les haltérophiles entraîneraient plutôt une flexibilité supérieure à la moyenne au niveau de l'articulation de l'épaule et de la hanche. Seul un gain de masse musculaire excessif, comme celui des culturistes, pourrait nuire à l'amplitude de mouvement d'une articulation : la limite physique, imposée par le volume musculaire important, réduirait la flexibilité lors de certains mouvements. Par exemple, un culturiste éprouvera plus de difficulté à retirer un chandail.

Il est possible de faire régulièrement des exercices avec résistance entraînant une augmentation de la masse musculaire tout en étant très flexible. Prenons comme exemple la combinaison de l'apparente musculature et de la flexibilité exceptionnelle des gymnastes masculins.

LA RÉALITÉ EN BREF

La perte de flexibilité est causée par l'absence prolongée d'étirements adéquats et réguliers, que l'on s'entraîne en musculation ou non. Les adaptations provoquées par l'entraînement musculaire n'ont pas d'impact direct sur la souplesse du muscle. Le maintien ou l'augmentation de la flexibilité est strictement lié à la génétique, à l'entraînement en flexibilité ou à l'exposition à des mouvements de grande amplitude. Ainsi, ces deux types d'adaptation peuvent se produire parallèlement et sans interférence. La persistance de ce mythe vient du fait que les adeptes de la musculation ont généralement trop longtemps négligé l'entraînement en flexibilité, leur faisant ainsi perdre de la souplesse.

Vous avez aimé ce sujet? Lisez:

- Tu ne t'étires pas? Tu te blesseras! (p. 195)
- Étire-toi: tu performeras mieux! (p. 200)

MYTHE ? | L'ENTRAÎNEMENT PAR VIBRATION : TOUTE UNE RÉVOLUTION !

L'entraînement par vibration corporelle totale est une méthode qui semble gagner en popularité. À en croire certains, elle serait même révolutionnaire. L'entraînement avec des appareils vibratoires faciliterait la perte de poids et augmenterait davantage la force musculaire maximale, la puissance musculaire maximale, l'équilibre, la flexibilité et la densité osseuse que l'entraînement traditionnel. Mais qu'en est-il réellement ?

L'entraînement par vibration, une révolution ? Pas vraiment...

L'origine des appareils vibratoires n'est pas récente. En fait, les cosmonautes russes furent les premiers à les utiliser durant les années 1970 afin d'atténuer les effets de l'apesanteur sur les systèmes musculaire et osseux. Plusieurs programmes spatiaux s'intéressent d'ailleurs encore à cette technologie. Pourrait-elle avoir une utilité lors des longs voyages spatiaux tels que les projets de mission sur Mars ou de séjours prolongés dans la Station spatiale internationale ?

Valery Polyakov détient le record du plus long vol spatial de l'histoire de l'humanité : il est resté plus de 14 mois d'affilée (de janvier 1994 à mars 1995) à bord de la station spatiale *Mir*. Il aurait apparemment utilisé, entre autres, l'entraînement par vibration pour contrer les effets de l'apesanteur sur la perte de masse osseuse et musculaire.

Qu'est-ce que l'entraînement par vibration ?

L'appareil par vibration est formé d'un plateau ou d'une plate-forme qui se mobilise dans différents axes. Des poignées sont accessibles pour prendre appui si l'utilisateur le souhaite. La plate-forme subit généralement de 15 à 60 oscillations par seconde. En principe, les exercices sont exécutés debout sur la plate-forme. Ce sont souvent des exercices traditionnels comme le *squat* ou la « fente », mais aussi des exercices sur une seule jambe d'appui, qui mettent davantage l'accent sur l'amélioration de l'équilibre. Comme avec l'entraînement traditionnel, il est possible de réaliser ces exercices de façon statique ou en mouvement.

Appareil vibratoire

La particularité de l'utilisation de ce type d'appareil est qu'il permet une contraction musculaire non volontaire, ou réflexe, qui s'additionne à la contraction volontaire. Est-il possible que la combinaison des contractions volontaires et réflexes améliore les qualités physiques énumérées précédemment ?

Ce que la recherche a démontré

Les études portant sur les appareils vibratoires ont fait face à plusieurs critiques, car peu faisaient appel à un groupe contrôle et les sujets retenus étaient souvent des personnes non entraînées. De plus, les recherches sur ce type d'appareil sont très variées, ce qui limite la portée des conclusions que l'on peut émettre quant à leur efficacité. Toutefois, certains résultats d'études proposent des pistes à explorer à l'avenir.

La force et la puissance musculaires maximales

Les appareils vibratoires favoriseraient un gain en force et en puissance musculaires maximales chez les personnes non entraînées. Cependant, ce gain ne serait pas supérieur à celui obtenu par l'entraînement traditionnel. Chez les athlètes, aucun effet significatif n'a été démontré sur le gain en force et en puissance musculaires. De plus, la vitesse ne semble pas non plus être améliorée par l'entraînement vibratoire.

L'équilibre

Chez les athlètes, l'amélioration de l'équilibre par l'entraînement vibratoire n'a pas été prouvée. Par contre, chez les personnes âgées, l'utilisation des plates-formes vibratoires entraînerait un gain d'équilibre. En effet, les vibrations de l'appareil causent un léger déséquilibre pendant l'exercice, ce qui semble être un stimulus suffisant pour améliorer l'équilibre de la personne âgée. Comme on connaît l'importance des risques de fractures liées aux chutes chez les personnes âgées atteintes d'ostéoporose, l'entraînement par vibration s'avère donc intéressant pour améliorer l'équilibre et ainsi réduire les risques de chute.

La densité osseuse

L'entraînement vibratoire augmente la densité osseuse des personnes âgées. Il semble donc que les exercices réalisés sur ce type d'appareil stimulent la fabrication de nouveaux tissus osseux chez la personne âgée. Grâce à l'augmentation de la densité osseuse et à l'amélioration de l'équilibre, on peut diminuer les risques de perte d'autonomie dans les activités de la vie quotidienne, en limitant les risques de fractures liées aux chutes.

La flexibilité

L'entraînement sur appareil vibratoire permettrait l'amélioration de la flexibilité des personnes de tous âges : certains auteurs ont même mesuré des gains plus importants que ceux obtenus par les méthodes traditionnelles d'étirement, tant chez les athlètes que chez les non-athlètes. Deux mécanismes peuvent expliquer ces résultats. Le premier est l'augmentation de la circulation du sang dans les muscles étirés au cours de l'utilisation de l'appareil vibratoire. Cette augmentation de la quantité de sang favorise l'élasticité du muscle. Le second est une diminution de la sensation de douleur dans le muscle étiré au cours de l'exercice sur appareil vibratoire. Cette diminution de la douleur permet une plus grande flexibilité.

La perte de poids

Le consommateur doit rester vigilant avec des vendeurs qui peuvent vanter faussement les vertus de leurs appareils. En fait, l'entraînement sur appareil vibratoire ne sera jamais aussi efficace que l'entraînement aérobie lorsque l'objectif est la perte de poids. Toutefois, une étude a mené à des conclusions intéressantes sur la perte de poids liée à l'entraînement musculaire sur appareil vibratoire. L'auteur de l'étude en explique les résultats de la manière suivante : la possible efficacité des vibrations pour réduire les graisses abdominales serait favorisée par un flux sanguin augmenté au niveau de l'abdomen et une réponse hormonale avantageuse lors des vibrations. Néanmoins, d'autres études sont nécessaires pour déterminer et comprendre les effets réels de l'entraînement vibratoire sur la perte de poids.

L'aspect sécurité

L'utilisation de plates-formes vibratoires pour l'entraînement physique semble être sécuritaire. Cependant, la position semi-fléchie des genoux est importante pour limiter les vibrations au niveau de la tête. Lorsque les fréquences de vibrations sont trop élevées, il est possible de ressentir un malaise s'apparentant au mal des transports. Finalement, l'exposition prolongée aux vibrations pourrait présenter des risques pour la santé. Il est donc important de prendre en considération ces facteurs lors de l'utilisation de ce type d'appareil.

LA RÉALITÉ EN BREF

L'entraînement par vibration corporelle totale n'est certes pas une révolution. Jusqu'à maintenant, peu d'études démontrent que ce type d'entraînement permet d'augmenter la force et la puissance des athlètes davantage que l'entraînement traditionnel. Néanmoins, cette méthode semble prometteuse pour les gens inactifs, surtout les personnes âgées atteintes d'ostéoporose ou à risque d'en souffrir. De plus, des résultats encourageants sur le plan de la flexibilité ont été mesurés. Plus de recherches sur cette méthode sont toutefois nécessaires pour préciser ses effets et justifier son utilisation.

MYTHES ET RÉALITÉS
SUR L'ENTRAÎNEMENT ET LA PERTE DE POIDS

Perdre du poids est un des objectifs les plus courants chez les gens qui font de l'activité physique. C'est aussi l'un des sujets sur lesquels un grand nombre de mauvaises conceptions sont véhiculées. Nous avons tous vu des publicités affirmant que les exercices pour les abdominaux constituent la meilleure façon de « perdre du ventre », mais que doit-on vraiment en penser ? La musculation peut-elle réellement aider à la perte de poids ? Doit-on plutôt faire de nombreuses heures d'activité physique jumelées à un régime pour perdre du poids de façon durable ? Les thèmes de cette section vous permettront de bien comprendre comment l'exercice influence les différentes composantes de votre poids corporel. Vous aurez ainsi plus d'outils pour atteindre vos objectifs et pour éviter de tomber dans certains pièges de l'industrie de la perte de poids.

POUR MIEUX COMPRENDRE L'ENTRAÎNEMENT ET LA PERTE DE POIDS

Entraînement et perte de poids

La composition corporelle désigne la proportion et la répartition des graisses et des autres tissus, comme les muscles et les os, dans le corps.

Le **tissu adipeux** contient les cellules graisseuses appelées adipocytes. Différents types de tissus adipeux ou de graisses se retrouvent à différents endroits dans le corps :

- sous la peau (tissu adipeux sous-cutané);
- à l'intérieur de l'abdomen (tissu adipeux intra-abdominal);
- à l'intérieur des organes, des muscles et des os (tissu adipeux essentiel);
- chez la femme, au niveau des hanches et des seins (tissu adipeux caractéristique du sexe).

Le **pourcentage de graisse** est l'estimation du poids de la graisse dans le poids total du corps. Chez l'homme et la femme de 20 ans, les valeurs moyennes du pourcentage de graisse sont respectivement de 15 et 25 %.

L'**indice de masse corporelle** (IMC) est un rapport entre le poids et la taille. Il permet de déterminer si le poids corporel, mis en relation avec la taille, présente des risques pour la santé.

Mesure énergétique

La mesure énergétique permet de calculer l'apport, la dépense et le bilan énergétiques.

L'**apport énergétique** correspond à la quantité d'énergie consommée dans les aliments ou les boissons.

La **dépense énergétique** correspond à la quantité d'énergie dépensée par le corps au repos et pendant la digestion et les activités physiques ou de la vie quotidienne.

Le **bilan énergétique** est le calcul de l'apport en calories moins la dépense en calories. Un **bilan énergétique positif** survient lorsque l'apport excède la dépense, ce qui entraîne une prise de poids, possiblement en graisse. Un **bilan énergétique négatif** survient lorsque la dépense excède l'apport, ce qui entraîne une perte de poids, possiblement en graisse ou en muscle, ou les deux.

Carburants énergétiques

Les carburants énergétiques fournissent l'énergie au corps pour l'activité physique. Les glucides et les lipides sont les deux principaux carburants utilisés par le corps.

Les **glucides** se présentent sous la forme de glucose (sucre) sanguin et de glycogène (chaîne de glucose) contenu dans le foie et les muscles. Les glucides sont principalement utilisés au cours d'exercices d'intensité élevée.

Les **lipides** sont des graisses provenant entre autres du tissu adipeux, en circulation dans le sang. Les lipides sont principalement utilisés au cours d'exercices d'intensité faible à moyenne.

MYTHE ? PAS FACILE DE PERDRE DU POIDS : SI AU MOINS J'ÉTAIS EN MEILLEURE FORME !

La condition physique, plus particulièrement l'aptitude aérobie, est un facteur important qui influence la capacité de dépenser de l'énergie lors d'un exercice. La perte ou le gain de gras (tissu adipeux) sont, quant à eux, déterminés partiellement par le bilan énergétique.

Bilan énergétique

Le bilan énergétique se calcule comme suit :

Bilan énergétique quotidien =
apport énergétique quotidien – dépense énergétique quotidienne

En général, un bilan énergétique négatif entraînera une perte de tissu adipeux, tandis qu'un bilan énergétique positif, un gain de poids. Cela revient à dire que si vous consommez en nourriture autant de calories que vous en dépensez, votre poids et votre quantité de graisse corporelle demeureront stables. Le calcul exact de l'apport et de la dépense énergétiques quotidiens est toutefois plus complexe. La dépense énergétique lors de l'exercice peut être estimée à l'aide de la consommation d'oxygène : plus la consommation d'oxygène est élevée, plus la dépense énergétique le sera aussi. Ainsi, les exercices favorisant une dépense énergétique élevée sont les exercices aérobies comme la course à pied, le ski de fond, le patin à roues alignées, etc. En comparaison, des exercices localisés comme des redressements assis ou des adductions sur un appareil pour l'intérieur des cuisses, ne sollicitant qu'une faible masse musculaire et d'une durée relativement courte, entraînent une faible dépense énergétique.

La perte, le gain ou le maintien du poids corporel sont partiellement déterminés par la combinaison de l'apport et de la dépense énergétique. Si la condition physique influence la capacité de dépenser de l'énergie durant l'exercice, on peut affirmer par ricochet qu'elle peut en retour influencer la perte, le gain ou le maintien du poids corporel. Les personnes avec une surcharge pondérale et souhaitant perdre du poids ont généralement un niveau de condition physique inférieur à celui de la moyenne des gens et pourraient donc avoir plus de difficulté à gérer leur poids corporel. Qu'en est-il réellement?

Effets de l'intensité de l'entraînement

Afin de bien illustrer l'effet de l'intensité sur la capacité de dépenser de l'énergie, voici un exemple concret qui utilise les deux qualités du système aérobie: le VO_2max et l'endurance aérobie. Un athlète d'endurance de haut niveau aura normalement un VO_2max nettement supérieur à celui d'une personne sédentaire. De plus, l'athlète démontre en général une meilleure endurance aérobie, soit la capacité de maintenir un pourcentage plus élevé de son VO_2max pendant la même durée d'effort.

Valeurs possibles du VO_2max et de l'endurance aérobie

Débutant avec un surpoids (100 kg)

VO_2max: 25 ml/kg/min
Endurance aérobie pour 30 minutes: 60 % du VO_2max

Athlète de haut niveau (70 kg)

VO_2max: 75 ml/kg/min
Endurance aérobie pour 30 minutes: 90 % du VO_2max

Calcul de la dépense énergétique pour un exercice de 30 minutes

Débutant avec un surpoids (100 kg)

60 % de 25 ml/kg/min = 15 ml/kg/min
15 ml x 100 kg x 30 min = 45 l d'O_2
La consommation de 1 l d'oxygène équivaut à une dépense énergétique d'environ 5 kilocalories (kcal).
45 l d'O_2 x 5 kcal
Dépense énergétique pour 30 minutes ≈ **225 kcal**

<u>Athlète de haut niveau</u>

85 % de 75 ml/kg/min = 63,8 ml/kg/min

63,8 ml x 70 kg x 30 min = 134 l d'O_2

134 l d'O_2 x 5 kcal

Dépense énergétique pour 30 minutes ≈ **670 kcal**

Pour la même durée d'exercice, la capacité de dépenser de l'énergie est environ **trois fois** plus élevée chez un athlète que chez la personne inactive ayant un surpoids.

Effets de la durée et de l'intensité d'entraînement

Afin d'optimiser la dépense calorique, il est nécessaire d'allonger la durée de l'exercice. En général, compte tenu de son expérience en entraînement, l'athlète de haut niveau sera plus apte à augmenter la durée de son effort à chacun des entraînements. Par exemple, s'il augmente la durée de son effort de 30 minutes (durée d'une heure plutôt que de 30 minutes), malgré une diminution de l'intensité (80 % au lieu de 85 % du VO_2max), il verra sa dépense énergétique s'élever à environ 1250 kcal. Cette dépense calorique équivaut à plus de **cinq fois** celle d'un débutant ayant un surpoids qui s'exerce pendant 30 minutes. En poussant l'audace jusqu'à deux heures d'entraînement aérobie, l'athlète arrivera à une dépense énergétique d'environ 2200 kcal, soit près de **dix fois** celle du débutant ayant un surpoids, et ce, pour un seul entraînement.

Un cycliste participant au Tour de France dépense environ 6000 kcal quotidiennement. L'apport que nécessite cette dépense énergétique correspond à l'ingestion de 24 hamburgers par jour, ou 400 hamburgers pendant la durée totale de l'épreuve !

Effets de la fréquence, de la durée et de l'intensité d'entraînement

L'intensité et la durée d'entraînement, mais aussi la fréquence, influencent de façon importante la dépense énergétique. Une fois encore, la fréquence d'entraînement de l'athlète sera généralement plus élevée que celle de l'individu commençant un programme d'exercices. Si on suppose une fréquence de trois fois par semaine, à 30 minutes par séance d'entraînement, la dépense énergétique du débutant sera d'environ 675 kcal par semaine. L'athlète de haut niveau qui s'entraîne régulièrement, à une fréquence de six séances par semaine d'au moins une heure par entraînement, dépensera environ 7 500 kcal par semaine, soit **11 fois** plus !

LA RÉALITÉ EN BREF

Si un individu avec une faible condition physique souhaite perdre du poids, il devra viser une diminution de l'apport calorique en plus d'une augmentation de la dépense calorique. Il est impératif que l'objectif de perte de poids soit étalé sur du moyen à long terme. Grâce à une augmentation progressive de la fréquence, de la durée et de l'intensité de l'entraînement, il est possible d'améliorer sa condition physique. Cette amélioration permettra en retour d'augmenter la dépense énergétique et d'atteindre et de maintenir les objectifs de perte de poids.

Vous avez aimé ce sujet ? Lisez :

- Pour perdre du ventre : faire des abdos ! (p. 91)
- L'exercice aérobie de faible intensité : rien de mieux pour perdre du poids ! (p. 96)
- Pour perdre du poids : l'exercice et le régime, rien de moins ! (p. 101)
- Je n'arrive pas à perdre du poids : quand je fais de l'exercice, je mange plus ! (p. 106)

MYTHE ? POUR PERDRE DU VENTRE : FAIRE DES ABDOS !

Dans le monde du conditionnement physique, il est très courant de croire qu'un exercice musculaire localisé, répété à plusieurs reprises, aura pour effet une perte de tissu adipeux, ou plus simplement de graisse, dans la zone du corps sollicitée. Les exemples sont nombreux pour illustrer cette croyance : des redressements assis pour l'abdomen, des exercices pour l'intérieur des cuisses, des exercices de triceps pour l'arrière du bras, des exercices des grands et moyens fessiers pour les fesses. La plupart de ces exercices ciblent des zones du corps où la quantité de tissu adipeux est plus importante.

La force du mythe

Ce mythe est particulièrement bien entretenu par les compagnies qui tentent de vendre des appareils d'entraînement. Encore une fois, les exemples ne manquent pas. Qui n'a jamais vu de publireportage télévisé vantant les appareils qui permettent le travail des abdominaux ? En voici une liste, loin d'être exhaustive : Ab Swing, Ab Roller, Ab Revolutionizer, Ab King Pro, Ab Doer Twist, Ab Zone, Ab Circle Pro, Ab Flex, Ab Sculptor, Ab Coaster, Ab Flyer, etc. Ces infopubs promettent une perte de graisse au niveau de l'abdomen grâce à l'utilisation de leurs appareils. Comment pourrait-on en douter en regardant toutes ces personnes au corps magnifique, aux abdominaux parfaitement définis, affirmant utiliser l'appareil miraculeux ! Le mythe voulant qu'une perte de graisse localisée soit possible n'est pas associé qu'aux exercices musculaires localisés. D'innombrables commerçants de savons, de crèmes, de gels, de gaines, d'appareils vibrants, d'électrostimulateurs ont vanté les vertus de leurs produits amincissants. Il est si facile d'y croire, car au fond, qui n'aimerait pas que ce soit vrai ?

Est-ce bel et bien un mythe?

Lorsqu'on réalise un exercice musculaire localisé, est-il possible que la graisse de cette région soit mobilisée comme source d'énergie de façon plus importante que celle du reste du corps? Car si c'était possible, cela pourrait en effet provoquer une perte de graisse localisée.

Certaines études ont tenté d'examiner l'hypothèse suggérant qu'un exercice localisé peut occasionner une perte de graisse ciblée. Les résultats furent contradictoires. L'une d'elles a mesuré la quantité de graisse entre la peau et les muscles (sous-cutanée) chez des sportifs dont un côté du corps était davantage entraîné, pour la comparer avec celle de l'autre côté du corps, moins entraîné. Les résultats de cette étude n'ont démontré aucune différence chez les joueurs de tennis quant à la quantité de graisse du bras entraîné en comparaison à celle du bras moins entraîné. Par contre, une autre étude a fait état d'une diminution de l'épaisseur du pli cutané du bras entraîné.

En 2002, la compagnie Thane, fabricant des appareils Abtronic et Abtronic Pro, a dû rembourser ses clients, car elle prétendait de façon erronée que l'utilisation de ses appareils pouvait remplacer les résultats d'une séance d'entraînement dans un centre de conditionnement physique et que, sans faire aucun exercice physique, une personne pouvait perdre du poids, obtenir un corps athlétique aux abdominaux bien définis et augmenter sa force.

Il est intéressant de noter que dans une étude récente, on a démontré que la réaction de dégradation des gras pour fournir de l'énergie était plus importante dans le tissu adipeux environnant la zone de contraction musculaire (dans ce cas-ci, les quadriceps) que dans le reste du corps. Cette réponse a été observée pendant un exercice prolongé d'extension du genou. Les mécanismes qui pourraient expliquer cette dégradation plus importante des gras d'une zone précise du corps ne sont pas clairement définis. Cette étude conclut donc qu'un exercice ciblé peut entraîner une augmentation de la dégradation localisée de la graisse. Une question demeure toutefois sans réponse: cette utilisation localisée des lipides peut-elle mener à une perte de graisse observable? Pour le moment, il est difficile d'y répondre.

L'opinion scientifique la plus répandue

Dans un document portant sur l'activité physique et le poids corporel, le comité scientifique de Kino-Québec donne son avis sur la question :

> Il n'est pas possible de « faire fondre » la graisse d'une région donnée du corps en effectuant des exercices sollicitant les muscles de cette région. Pour que l'exercice puisse faire maigrir localement, il faudrait que les muscles utilisent comme carburant le gras provenant des réserves de graisse voisines. Il faudrait, par exemple, que les muscles abdominaux utilisent de préférence les gras accumulés sous la peau du ventre ou dans l'abdomen. Or, ce n'est pas possible, car il n'existe pas d'échanges directs entre la graisse sous-cutanée et les muscles voisins. En effet, il n'y a pas de vaisseaux sanguins qui se rendent de la graisse accumulée sous la peau du ventre jusqu'aux muscles abdominaux.
>
> Lorsque le gras est libéré des cellules de gras accumulées sous la peau du ventre, il entre dans la circulation sanguine, puis les veines l'acheminent vers le cœur. Il se mélange alors avec le gras provenant des autres régions du corps et est distribué à l'ensemble de l'organisme par la circulation artérielle. Lorsque vos muscles abdominaux travaillent, par exemple lorsque vous faites des redressements assis, ils ne peuvent pas utiliser le gras provenant de la graisse accumulée sous la peau du ventre ou dans l'abdomen. Ainsi, lorsqu'un muscle travaille, il ne fait pas maigrir la région voisine, mais permet plutôt de réduire l'ensemble des réserves de graisse[2].

Les concepteurs de la technologie Adipotronics® ont émis l'hypothèse qu'à l'aide de l'électrostimulation, il est possible de diminuer les tissus graisseux de façon localisée. Un groupe de professeurs de l'Université du Québec à Montréal poursuivent leurs recherches dans le but de lancer l'appareil sur le marché international.

---

2. KINO-QUÉBEC. *L'activité physique et le poids corporel*, ministère de l'Éducation, du Loisir et du Sport, 2007, 48 p.

Ce qui est certain!

Lorsqu'on exécute des redressements assis pendant 30 minutes, est-ce que la perte potentielle de graisse localisée au niveau de l'abdomen sera plus importante que lorsqu'on court pendant 30 minutes? La réponse est simple: non!

La dépense énergétique obtenue par un exercice sollicitant de petites masses musculaires (exercice localisé) demeurera toujours inférieure à celle provoquée par un exercice sollicitant de plus grandes masses musculaires (exercice global). Pour optimiser cette dépense en vue d'obtenir une perte de poids, on recommande de pratiquer des exercices cycliques et prolongés qui sollicitent de grandes masses musculaires; ce sont des exercices aérobies comme la course à pied, le vélo ou la natation. Comme la dépense énergétique d'un exercice sollicitant uniquement les abdominaux est très faible, la graisse de cette région ne sera pas une source d'énergie assez importante pour permettre une perte de poids localisée ou généralisée significative.

Il est possible cependant d'améliorer, à l'aide de l'exercice, les qualités du muscle comme la force, l'endurance ou la puissance. Il est aussi probable que les exercices musculaires entraîneront une augmentation de la masse et du volume musculaires. Mais pour le moment, il semble faux de croire que la perte de poids (localisée ou non) peut être attribuée uniquement à un exercice musculaire localisé.

LA RÉALITÉ EN BREF

La perte de graisse ciblée grâce à un exercice musculaire localisé est une des croyances les plus tenaces en activité physique. La recherche a quand même suggéré que cette croyance n'était peut-être pas entièrement fausse. Cette possible vérité ne suffit cependant pas à justifier les messages trompeurs des compagnies qui vendent le rêve d'une perte de poids ciblée grâce à un exercice musculaire localisé. La meilleure façon d'obtenir une grande dépense énergétique en vue d'une perte de poids demeure les exercices cardiovasculaires.

Vous avez aimé ce sujet? Lisez:

- Pas facile de perdre du poids: si au moins j'étais en meilleure forme! (p. 87)
- L'exercice aérobie de faible intensité: rien de mieux pour perdre du poids! (p. 96)
- Pour perdre du poids: l'exercice et le régime, rien de moins! (p. 101)
- Je n'arrive pas à perdre du poids: quand je fais de l'exercice, je mange plus! (p. 106)

MYTHE ? L'EXERCICE AÉROBIE DE FAIBLE INTENSITÉ : RIEN DE MIEUX POUR PERDRE DU POIDS !

De nombreux entraîneurs en conditionnement physique suggèrent un entraînement aérobie de faible intensité pour perdre du poids. Lorsqu'on observe un appareil d'exercice cardiovasculaire, on constate souvent la présence d'un graphique indiquant une zone cible de fréquence cardiaque qui correspond à l'intensité recommandée pour la perte de gras. Cette zone de fréquence cardiaque, communément appelée *fat burn zone*, correspond, en général, à une intensité d'environ 55 à 70 % de la fréquence cardiaque maximale théorique calculée à partir de l'équation : 220 – âge. Cette intensité est faible, et donc, selon certains, idéale pour perdre du poids. Qu'en est-il réellement ? Quelle est l'intensité idéale pour optimiser la perte de poids ?

Calories ou carburants énergétiques

Les glucides et les lipides sont les deux principaux carburants énergétiques utilisés par les muscles au cours d'un exercice aérobie. Qu'est-ce qui est le plus important : la quantité de lipides (gras) utilisés comme carburant ou le nombre de calories dépensées pendant l'effort ? Plusieurs s'entendent pour dire que le nombre de calories dépensées est un bon guide pour estimer l'effet de l'exercice sur la perte de gras (tissu adipeux). Toutefois, la quantité de lipides utilisés demeure un aspect intéressant à développer. En plus des influences génétiques et hormonales, différents facteurs déterminent dans quelle proportion ces carburants seront mobilisés.

Glucides ou lipides

Le premier facteur qui détermine la proportion de glucides ou de lipides mobilisés est l'expérience ou le niveau d'entraînement. Plus le sportif a d'expérience en entraînement aérobie, plus le pourcentage de lipides mobilisés est élevé pour un effort de même intensité. En fait, ce sont les enzymes (qui favorisent l'accélération des réactions chimiques du corps) qui sont responsables de la dégradation des lipides. Ces dernières deviennent plus efficaces à la suite d'un entraînement cardiovasculaire à long terme. Par exemple, pour un exercice d'une même intensité, une personne non entraînée pourrait utiliser 50 % de lipides et 50 % de glucides, comparativement à 70 % de lipides et 30 % de glucides pour un athlète d'endurance.

Le deuxième facteur d'influence est l'intensité de l'entraînement. Plus l'intensité est élevée, plus la mobilisation des glucides est importante. L'utilisation des gras est, quant à elle, plus importante au cours d'un exercice d'intensité faible à moyenne : l'intensité d'utilisation maximale se situe de 40 à 75 % de la consommation maximale d'oxygène (VO_2max) et varie selon le niveau d'entraînement ainsi que selon l'apport d'énergie provenant de l'alimentation avant et pendant l'exercice. Chez les sportifs, l'intensité d'utilisation maximale des lipides est légèrement plus élevée que chez les sédentaires. On a observé chez des cyclistes que cette intensité représentait de 55 à 72 % du VO_2max.

Le troisième facteur est la durée de l'entraînement. En début d'effort, un pourcentage plus élevé de glucides est utilisé. Plus l'exercice dure longtemps, plus la mobilisation des lipides est élevée. Comme on sait que la réserve glucidique n'est pas inépuisable, la moins grande disponibilité des glucides occasionne une mobilisation plus importante des lipides lors d'un effort aérobie de longue durée (p. ex., plus de deux heures).

Ces facteurs d'influence suggèrent que pour une mobilisation importante de gras durant un exercice, il faut un certain vécu d'entraînement et un effort de longue durée de faible intensité. L'intensité optimale se situerait de 40 à 60 % de la puissance aérobie maximale (VO_2max) ou de 50 à 70 % de la fréquence cardiaque maximale prédite (220 – âge). Toutefois, plusieurs études ont démontré que les séances d'intensité élevée avaient un effet amaigrissant au moins aussi prononcé que celles de faible intensité. Ces résultats laissent donc croire que le type de carburant énergétique mobilisé pendant l'exercice n'est pas l'unique facteur déterminant de la perte de poids.

Un aspect intéressant à considérer est qu'un exercice d'intensité élevée, mobilisant une plus grande proportion de glucides, tend à épuiser les réserves de glycogène (chaîne de glucose) provenant du foie et des muscles : ce sont les glucides contenus dans le repas qui suit un exercice intense qui seront principalement utilisés pour reconstituer ces réserves. Cette situation aurait pour effet d'augmenter l'utilisation des lipides au repos dans les heures qui suivent l'effort. Par exemple, un joueur de soccer professionnel utiliserait après un match une proportion plus importante de gras que son amie de cœur qui a seulement assisté à la partie.

Revenons aux calories

La dépense énergétique lors de l'exercice est déterminée par le type, la fréquence, la durée et l'intensité de ce dernier. Rappelons que pour maximiser la dépense énergétique, l'exercice doit être de type cardiovasculaire, la course à pied, le vélo ou la natation. Pour la même intensité, plus la fréquence est élevée et plus la durée est longue, plus la dépense énergétique sera importante. Enfin, pour la même durée d'effort, plus l'intensité d'exercice est élevée, plus la dépense énergétique sera importante. Ainsi, les exercices aérobies pratiqués le plus souvent possible pendant de longues durées et à haute intensité optimisent la dépense énergétique.

Il faut cumuler environ 3 500 kcal de déficit énergétique (différence entre l'apport et la dépense) pour perdre 1 lb de graisse ou 7 700 kcal pour 1 kg de graisse. Voici des équivalents énergétiques de 3 500 kcal pour une personne de 60 kg : 58 km de course à pied, 7 à 8 heures de vélo à 20 km/h, 16 heures de tennis de table, 24 heures de lavage de vaisselle ou une relation sexuelle de 30 heures.

Le problème avec cette recette, c'est qu'il est difficile d'associer haute intensité et longue durée lors d'un même exercice. L'effet de la condition physique sur la capacité de maintenir une intensité élevée pendant l'exercice a été mis en évidence dans un thème précédent. Malgré le fait que la capacité à maintenir un effort intense varie selon le vécu d'entraînement et le bagage génétique, il est primordial que l'intensité ne raccourcisse pas l'effort. Par exemple, après 15 minutes, si l'exercice devient trop difficile et qu'il faut l'arrêter, la dépense énergétique sera relativement basse même si l'intensité était élevée. De plus, il faut veiller à ce que l'intensité ne limite pas la motivation : la perception de la difficulté de la tâche risquerait de diminuer la pratique d'activités physiques.

Ni les carburants énergétiques ni les calories

Certains auteurs ont conclu que les carburants mobilisés ou la dépense énergétique mesurée n'étaient pas suffisants pour expliquer la perte de poids occasionnée par l'exercice. Angelo Tremblay* de l'Université Laval à Québec a comparé les effets métaboliques des entraînements par intervalles et continu. En dépit d'un coût énergétique plus bas et d'une mobilisation moindre de lipides durant l'exercice, l'entraînement par intervalles a causé chez les sujets qui le pratiquaient une perte de graisse plus importante. Comme l'explique Angelo Tremblay : « Exprimée au prorata du nombre de calories dépensées, la perte de graisse du groupe d'entraînement à intensité élevée était neuf fois plus grande que celle du groupe à intensité moins élevée. » Ces résultats suggèrent que la perte de poids n'est pas exclusivement dépendante de la dépense énergétique estimée ou des carburants énergétiques mobilisés au cours de l'exercice. Les avantages possibles de l'entraînement par intervalles courts s'expliqueraient par une plus grande combustion de gras qui continue plusieurs heures après l'exercice, et par une diminution sensible de l'appétit dans les heures qui suivent les séances.

LA RÉALITÉ EN BREF

Pour perdre du poids, on recommande de favoriser les exercices cardiovasculaires. Leur fréquence devrait être régulière et leur intensité ne devrait pas limiter de façon trop importante la durée de l'entraînement. Toutefois, les personnes qui ont des contraintes de temps et qui souhaitent perdre du poids ont intérêt à s'entraîner de manière sécuritaire à une intensité élevée. En outre, les deux méthodes, continue et par intervalles, sont efficaces pour la perte de poids. Enfin, le choix du type, de la méthode, du contenu, de la fré-

---

* ANGELO TREMBLAY, auteur de *Prenez le contrôle de votre appétit… et de votre poids*, Montréal, Éditions de l'Homme, 2010, 208 p.

quence, de la durée et de l'intensité de l'exercice devra favoriser le maintien à long terme des habitudes d'activité physique. Ces habitudes sont la clé qui mènera probablement à la perte de poids et au maintien du poids perdu.

Vous avez aimé ce sujet ? Lisez :

- Pas facile de perdre du poids : si au moins j'étais en meilleure forme ! (p. 87)
- Pour perdre du ventre : faire des abdos ! (p. 91)
- Pour perdre du poids : l'exercice et le régime, rien de moins ! (p. 101)
- Je n'arrive pas à perdre du poids : quand je fais de l'exercice, je mange plus ! (p. 106)

MYTHE ? POUR PERDRE DU POIDS : L'EXERCICE ET LE RÉGIME, RIEN DE MOINS !

Quelle est la meilleure solution pour perdre du poids ? Faire de l'exercice dans le but d'augmenter la dépense calorique ou modifier son alimentation dans le but de diminuer l'apport calorique ? Essayons de répondre à cette question…

Perte de poids ou perte de gras

La perte ou le gain de poids dépend soit de la perte ou du gain de tissu adipeux (graisse), soit de la perte ou du gain de masse musculaire ou d'eau.

Bilan énergétique

Le bilan énergétique, mesuré en calories ou en joules, est un facteur important qui influence le poids corporel. Le bilan énergétique équivaut à l'apport énergétique moins la dépense énergétique.

Ce que l'on mange et boit détermine l'apport calorique. Chaque nutriment contenu dans les aliments possède une valeur énergétique. Par exemple, la valeur énergétique des glucides (sucres) et des protéines est d'environ 4 kcal/g, tandis que celle des lipides (gras) est d'environ 9 kcal/g. L'alcool, qui n'est pas un nutriment, a une équivalence énergétique d'environ 7 kcal/g. Voici quelques exemples d'aliments et de leur contenu énergétique estimé : une pomme (70 kcal), deux tranches de pain (160 kcal), une bouteille de bière (170 kcal), un Big Mac (495 kcal).

La dépense calorique quotidienne est déterminée par le métabolisme basal ou, plus simplement, la dépense énergétique au repos (60 à 75 %), la digestion (10 %) et l'activité physique liée aux loisirs, au travail, aux déplacements et aux activités domestiques (15 à 30 %). L'activité physique est l'avenue la plus intéressante lorsqu'il est question d'augmenter de façon marquée la dépense calorique en vue d'une perte de poids, car elle représente environ 15 % de la dépense d'énergie quotidienne des personnes peu actives et jusqu'à 30 % de celle des personnes très actives.

Illustrons le bilan énergétique à l'aide d'un exemple. Si l'apport énergétique quotidien équivaut à 2500 kcal et que la dépense énergétique équivaut à 3000 kcal, le bilan quotidien négatif sera théoriquement de 500 kcal, soit 3500 kcal par semaine, ce qui correspond approximativement à environ 0,5 kg de graisse ou 1 lb. Le corps brûlera, entre autres, des graisses pour combler ce déficit calorique.

Balance énergétique neutre

Balance énergétique positive

Balance énergétique négative

Apport < Dépense

Combinaison gagnante

La recherche n'a pas déclaré de vainqueur entre l'augmentation de la dépense ou la diminution de l'apport énergétique dans le but d'obtenir une perte de poids et de maintenir le poids perdu à long terme. La solution idéale semble être une combinaison des deux moyens d'action, soit à la fois de réduire l'apport et d'augmenter la dépense énergétique. Cette combinaison est vraiment intéressante pour maintenir le poids corporel une fois son objectif atteint, ce qui est en général le plus difficile à réaliser. La capacité de maintenir son poids corporel se définit comme l'aptitude à ne pas l'amener à varier dans une fourchette de plus ou moins 2,3 kg (environ 5 lb). Voici les recommandations de l'American College of Sports Medicine (ACSM) en matière de réduction de l'apport et d'augmentation de la dépense énergétique.

Apport énergétique

L'ACSM recommande de réduire l'apport énergétique d'environ 500 à 1 000 kcal par jour, pour les individus ayant un surplus de poids ou souffrant d'obésité. En plus de cette diminution calorique, ces individus devraient éviter une consommation supérieure à 30 % de l'apport énergétique total quotidien en gras. Une diminution trop marquée de l'apport énergétique peut occasionner des problèmes de santé (p. ex., carence en vitamines, perte de masse osseuse) et n'est pas très efficace en matière de perte de graisse. Une étude a conclu que chez des sujets obèses, l'activité physique seule réduisait davantage la quantité de graisse totale que le régime amaigrissant seul. De plus, l'activité physique entraîne une moins grande perte de masse musculaire.

Dépense énergétique

L'ACSM recommande la pratique régulière d'activité physique afin d'augmenter la dépense énergétique. La durée minimale recommandée pour profiter des bénéfices de santé associés à l'exercice est de 150 minutes par semaine (environ 20 à 25 minutes par jour). Cependant, si l'objectif est la perte de poids à long terme, la quantité d'exercice recommandée passe à 200 à 300 minutes par semaine (un minimum de 30 à 40 minutes par jour). Les obèses perdent peu de poids lorsque leur activité physique n'augmente que de manière faible ou moyenne et lorsqu'ils ne bénéficient pas d'une stratégie particulière pour réduire l'apport énergétique par l'alimentation. Il est donc important de suivre ces recommandations en augmentant la durée de l'exercice de façon progressive, pour réduire les risques de blessures et éviter une trop grande fatigue et une baisse de motivation.

Le type, la méthode, la fréquence, la durée et l'intensité de l'exercice influencent la mesure de la dépense énergétique. Les exercices aérobies sont à privilégier si l'objectif est de maximiser la dépense énergétique, car pour la même durée d'effort, la dépense sera plus importante que lors d'exercices musculaires. Toutefois, il est possible d'augmenter jusqu'à un certain point la dépense énergétique par l'entraînement musculaire.

Environ 55 % de la population québécoise a un surplus de poids (IMC > 25). Par ailleurs, environ 25 % des Québécois sont obèses (IMC > 30) comparativement à 18 % des Français. La situation est particulièrement inquiétante chez les jeunes, car plus d'un enfant québécois sur cinq présente un excès de poids.

Forces et faiblesses

Les recommandations de l'ACSM sont d'ordre général. Il est tout à fait possible de les personnaliser pour la perte de poids.

Prenons l'exemple d'un homme très actif avec un surplus de poids causé par de mauvaises habitudes alimentaires. Cette personne aurait avantage à modifier son alimentation dans le but de diminuer l'apport énergétique, plutôt que d'essayer - peut-être vainement - d'augmenter sa dépense énergétique par l'exercice. En outre, il pourrait profiter des bénéfices pour la santé liés à une saine alimentation, en plus de ceux liés à l'exercice, dont il bénéficie déjà.

À l'inverse, prenons l'exemple d'une femme avec d'excellentes habitudes alimentaires, ayant un léger surplus de poids causé par l'inactivité physique. Dans son cas, l'augmentation progressive de sa dépense énergétique quotidienne par l'exercice favoriserait une perte de poids à long terme. Tout comme dans l'exemple précédent, ce choix assurerait une perte de poids tout en offrant des bénéfices supplémentaires pour la santé. Il est donc important de tenir compte de ses forces et ses faiblesses en matière d'apport et de dépense caloriques, afin d'agir en conséquence.

LA RÉALITÉ EN BREF

Généralement, à la lumière des faits énoncés dans ce thème, la meilleure stratégie pour perdre un surplus de graisse serait d'augmenter la dépense tout en réduisant l'apport calorique. Toutefois, pour certaines personnes, il pourrait être plus judicieux d'accorder la priorité à une diminution de l'apport ou à une augmentation de la dépense, selon ce qui sera le plus efficace.

Vous avez aimé ce sujet? Lisez:

- Pas facile de perdre du poids: si au moins j'étais en meilleure forme! (p. 87)
- Pour perdre du ventre: faire des abdos! (p. 91)
- L'exercice aérobie de faible intensité: rien de mieux pour perdre du poids! (p. 96)
- Je n'arrive pas à perdre du poids: quand je fais de l'exercice, je mange plus! (p. 106)

MYTHE ? JE N'ARRIVE PAS À PERDRE DU POIDS : QUAND JE FAIS DE L'EXERCICE, JE MANGE PLUS !

Comme on l'a vu dans un thème précédent, le poids corporel dépend fortement du bilan énergétique. Quand l'apport en calories égale à la dépense en calories, le poids corporel se maintient. Si le nombre de calories consommées dans l'alimentation dépasse la dépense d'énergie au repos et lors d'activités, il se produira probablement un gain de tissu adipeux (graisse). Finalement, si la dépense excède l'apport, c'est plutôt une perte de graisse qui surviendra.

Si l'exercice augmente la dépense calorique, mais augmente aussi l'appétit – ce qui se traduit par une augmentation de l'apport alimentaire –, il sera plus difficile de perdre du poids. Qu'en est-il réellement ? Est-ce que la pratique d'activités physiques augmente l'appétit ? Et, le cas échéant, cela minimise-t-il les chances d'atteindre un objectif de perte de poids ?

Appétit, faim et satiété

L'appétit est le désir de manger dans le but de fournir au corps la quantité d'énergie nécessaire pour son fonctionnement. Lorsque l'organisme est privé de nourriture pendant un certain temps, l'appétit est remplacé par la faim. Bien que l'homme puisse survivre plusieurs semaines sans manger, la sensation de faim apparaît quelques heures après avoir mangé. La satiété est la sensation qu'on ressent après avoir mangé, lorsqu'on est rassasié.

Après un entraînement composé d'efforts intenses de courte durée entrecoupés de repos (intervalles courts), on constate une diminution de l'appétit. Cette méthode devient donc intéressante pour les personnes dont l'appétit augmente à la suite de l'exercice.

Mécanismes de contrôle

La faim et la satiété sont dictées par une partie du cerveau appelée l'hypothalamus. Différentes hormones interviennent dans le contrôle de la faim et de la satiété. La cholécystokinine est sécrétée par les cellules intestinales : son taux grimpe dans le sang après l'ingestion de nourriture, ce qui réduit l'envie de manger. Quelques heures après l'ingestion de nourriture, ce taux diminue. À ce moment, l'hypothalamus interprète cette baisse et survient alors le désir de manger. La leptine, sécrétée par les cellules adipeuses, augmente de son côté la sensation de satiété par son action sur l'hypothalamus. De plus, quand l'estomac est vide, la ghréline, aussi produite par les cellules adipeuses, augmente et stimule la faim.

D'autres facteurs personnels sont à considérer en matière de régulation de la faim et de la satiété. Les influx nerveux provenant de l'estomac permettent au cerveau d'évaluer, entre autres, la quantité d'aliments ingérés. Le taux de sucre sanguin ainsi que la concentration de certaines hormones qui lui sont associées (insuline, glucagon) influencent l'appétit et la satiété. Ces derniers sont, par ailleurs, très sensibles à des éléments extérieurs comme la disponibilité des aliments ou leur attrait. Par exemple, l'envie de manger un immense « pop corn » au cinéma est davantage déterminée par des facteurs extérieurs que par un réel appétit.

Preuve à l'appui : appétit, satiété et exercice

L'équipe d'Angelo Tremblay de l'Université Laval à Québec a démontré qu'une activité physique cardiovasculaire d'une heure peut tout de même se traduire par un bilan calorique positif sur une période de deux jours si les individus ont accès à une alimentation riche en lipides. C'est donc dire que malgré l'exercice, une accessibilité à des aliments riches en gras peut mener à une prise de poids.

Contrôle du poids corporel : différence entre les hommes et les femmes

Il est reconnu que la pratique régulière d'activités physiques entraîne une plus grande perte de tissu adipeux chez les hommes que chez les femmes lorsque aucune restriction alimentaire n'est imposée. L'une des raisons expliquant ce phénomène pourrait être l'effet de l'exercice sur la régulation de la faim et de la satiété. Il se pourrait en effet que les femmes compensent l'augmentation de leur pratique d'activités physiques par un apport alimentaire plus important, davantage que les hommes.

Les effets de l'exercice sur l'appétit, lorsque l'augmentation de l'apport alimentaire est contrôlée, ont été étudiés. On a observé que dans une telle situation, les hommes éprouvaient un moins grand désir de manger. Chez les femmes cependant, ce désir demeurait le même. Ces observations suggèrent que les femmes auront tendance à augmenter leur consommation de nourriture après l'exercice. Toutefois, certains chercheurs n'ont pas obtenu des résultats aussi concluants.

Quelles sont les différences entre les hommes et les femmes quant aux effets des hormones sur la régulation de l'appétit et de la satiété ? On a observé qu'après un exercice sans augmentation de l'apport en calories, les concentrations de certaines hormones (ghréline et insuline) sont différentes chez les femmes et chez les hommes. Chez la femme, ces différences hormonales entraînent normalement une augmentation de la quantité d'aliments consommés, en altérant l'appétit et la satiété. Chez l'homme, cette situation provoque des changements moins marqués ; l'apport calorique demeurera donc, en général, inchangé.

LA RÉALITÉ EN BREF

La pratique d'activités physiques peut augmenter l'appétit, surtout chez les femmes, et provoquer ainsi une augmentation de l'apport en calories, ce qui peut diminuer les chances d'atteindre un objectif de perte ou de maintien du poids corporel. Cette différence peut être un facteur permettant d'expliquer pourquoi les hommes ont plus de facilité à perdre du poids par la pratique d'activités physiques sans restriction alimentaire.

Vous avez aimé ce sujet ? Lisez :

- Pas facile de perdre du poids : si au moins j'étais en meilleure forme ! (p. 87)
- Pour perdre du ventre : faire des abdos ! (p. 91)
- L'exercice aérobie de faible intensité : rien de mieux pour perdre du poids ! (p. 96)

MYTHE ? MON POIDS PERDU, C'EST JUSTE DU GRAS !

(LES COMPOSANTES DU POIDS)

Un pèse-personne ne fait pas la distinction entre les différents tissus du corps lorsqu'il mesure le poids. Une perte de poids représente-t-elle une perte en graisse, en muscle ou en eau ? Pour répondre à cette question, il faut en premier lieu distinguer quels sont les tissus qui composent le corps humain. En second lieu, nous analyserons la façon dont ils influencent la fluctuation du poids.

Composition corporelle

Le poids corporel d'un individu type de 20 ans se divise ainsi :

- environ 13 à 15 % pour le squelette ;
- environ 30 à 35 % pour les organes et viscères ;
- environ 30 à 35 % pour les muscles ;
- environ 15 à 25 % pour la masse grasse.

De plus, le corps est composé d'environ 55 à 65 % d'eau, distribuée dans les divers tissus. Le poids corporel varie donc en fonction de l'augmentation ou de la diminution du poids de ces tissus, que plusieurs facteurs peuvent contribuer à faire fluctuer.

L'effet du squelette

Le poids du squelette peut varier légèrement au fil des années. La masse osseuse atteint en général son maximum à la fin de l'adolescence et éventuellement elle diminue d'environ 0,5 à 1 % par année. La perte peut devenir plus marquée lorsque la personne souffre d'ostéoporose. Cependant, cette valeur reste minime sur une perte de poids total. Par exemple, le squelette d'une femme de 60 kg pèse environ 9 kg. Une perte de masse osseuse de 0,5 à 1 % équivaut à 45 à 90 g par année, ce qui est négligeable.

L'effet des organes et des viscères

Le cœur, les poumons, les intestins, le cerveau et la peau sont des exemples de tissus formant les organes et les viscères. L'évolution de leur poids, après la fin de la croissance, présente une variation négligeable. Par exemple, un cœur d'adulte pèse en moyenne de 300 à 350 g et les variations de son poids au fil du temps seront minimes. En revanche, le contenu des organes digestifs peut influencer légèrement le poids corporel. Le poids de la nourriture consommée fera temporairement augmenter le poids corporel, par exemple. La perte moyenne en urine et en selles est d'environ 150 à 200 g (moins de la moitié de 1 lb) par jour pour les selles et d'environ 200 à 500 ml d'urine par miction. Cette quantité d'urine correspond à un poids de 200 à 500 g (de ½ à 1 lb). Par conséquent, la consommation de liquides et de nourriture, ainsi que la quantité d'urine et de selles peuvent faire fluctuer quotidiennement le poids de 1 kg, tout au plus.

L'effet de la masse musculaire

La variation de la masse musculaire est un facteur important de la variation du poids corporel. Grâce à un programme d'exercices, il est possible d'augmenter cette masse. Le résultat sera influencé par le type d'exercices, l'alimentation, la récupération et l'hérédité. Certains paramètres d'entraînement favorisent cette adaptation et rendent le gain de masse musculaire plus marqué : par exemple, une séance d'entraînement ciblant seulement certains muscles et comportant plusieurs séries d'exercices avec des charges permettant de 8 à 12 répétitions maximum. Toutefois, des différences marquées entre les hommes et les femmes sont à noter. Par exemple, avec un même entraînement visant une augmentation de la masse musculaire, un homme pourrait augmenter sa masse de 5 kg, tandis que le gain chez une femme ne pourrait représenter que 1 kg. Chez la plupart des gens, la pratique modérée d'activités physiques occasionne un léger gain de masse musculaire, même si ce n'était pas l'objectif.

Une perte de masse musculaire peut aussi survenir. Une restriction alimentaire importante, surtout si cette dernière est d'une valeur calorique inférieure à la dépense énergétique au repos, peut occasionner une telle diminution. Lorsque la diète est trop sévère, le manque de disponibilité des glucides (sucres) contraint le corps à puiser dans les protéines musculaires pour combler ses besoins énergétiques. La pratique d'activités physiques aérobies de très longue durée (p. ex., randonnée en montagnes de plus de 3 heures), associée à un apport alimentaire insuffisant, peut avoir le même effet.

L'effet de la masse grasse

La variation de la masse grasse est un autre facteur important de la variation du poids corporel. On distingue différents types de tissus adipeux (gras). Les lipides essentiels constituent les graisses qui se trouvent à l'intérieur des organes, des muscles et des os. Les lipides de réserve sont ceux composés par la graisse intra-abdominale (viscérale) qui est située à l'intérieur de l'abdomen, et par la graisse sous-cutanée que l'on trouve entre la peau et les muscles. Enfin, les lipides caractéristiques du sexe féminin sont situés au niveau des hanches et des seins. L'augmentation de la dépense en calories par l'exercice, ou la diminution de l'apport en calories par l'alimentation, peut provoquer une perte de masse grasse. L'inverse est évidemment vrai pour le gain de masse grasse. En outre, d'autres facteurs comme l'évolution de la dépense énergétique de repos, l'hérédité, l'action de certaines hormones, le stress et même la pollution atmosphérique peuvent influencer la prise ou la perte de tissu adipeux.

L'effet de l'eau

L'eau est le dernier aspect d'intérêt en ce qui concerne l'évolution du poids corporel. Le taux d'hydratation peut varier et, par le fait même, influencer le poids. Certaines situations peuvent causer une importante diminution du pourcentage d'eau corporelle, comme la diarrhée ou les vomissements. Dans les cas de diarrhée extrêmes, plus de 15 l (± 15 kg) de liquide peuvent être perdus par jour : or, une perte d'eau de plus de 10 % du poids corporel augmente les risques de décès. Un effort de longue durée dans un environnement chaud peut entraîner des pertes en eau importantes, surtout si l'apport en liquide est insuffisant. Au cours d'un marathon, dans un environnement normal, la perte moyenne de poids corporel due, en grande partie, à une perte en eau est d'environ 3 kg.

Certaines études ont démontré que « l'entraînement physique provoque une réduction sélective de la masse grasse sous-cutanée et intra-abdominale de la partie supérieure du corps et non pas de la masse grasse plus tenace des régions des fesses et des membres inférieurs[3] ».

Le poids corporel peut aussi augmenter en raison de la rétention d'eau. Dans cette situation, le pourcentage d'eau dans le corps peut alors augmenter jusqu'à plus de 65 %, alors qu'en situation normale il varie de 55 à 65 %. Une rétention d'eau représentant 10 % du poids corporel entraînerait une augmentation de 6 kg (13 lb) chez une personne de 60 kg (132 lb). Différents facteurs peuvent causer la rétention d'eau : la consommation importante de sel, certaines hormones, la position debout prolongée, certains médicaments, la chaleur, les varices, la cellulite, etc.

LA RÉALITÉ EN BREF

L'évolution du poids corporel est influencée par les variations de poids des différents tissus composant le corps : la perte ou la prise de masse musculaire, de masse grasse et d'eau en sont les facteurs les plus importants. Étant donné que l'exercice peut influencer ces trois éléments, il est clair que la seule utilisation du pèse-personne est insuffisante pour donner l'heure juste dans ce domaine.

Vous avez aimé ce sujet ? Lisez :

- Mon poids perdu, c'est juste du gras ! (Le pourcentage de graisse) (p. 114)
- Mon poids perdu, c'est juste du gras ! (La mesure par courant électrique) (p. 119)
- Mon IMC est de 26, je suis trop grosse ! (Qu'est-ce que l'IMC ?) (p. 123)
- Mon IMC est de 26, je suis trop grosse ! (Avantages et inconvénients de l'IMC) (p. 128)

3. McArdle, W. D., F. L. Katch et V. L. Katch. *Nutrition et performances sportives,* De Boeck, 2008, 407 p.

MYTHE ? MON POIDS PERDU, C'EST JUSTE DU GRAS !

(LE POURCENTAGE DE GRAISSE)

Maintenant que la variation du poids des différents tissus composant le corps humain a été brièvement expliquée, que faire pour avoir une bonne idée des facteurs qui causent l'évolution de notre poids corporel ? Lorsqu'on prend ou qu'on perd du poids, comment savoir si c'est du muscle, du gras ou de l'eau ?

Le pourcentage de graisse : une piste intéressante ?

La détermination du pourcentage de graisse permet d'estimer le poids de la graisse dans le poids total du corps.

Le pourcentage de graisse s'exprime ainsi :

Pourcentage de graisse = (poids de la graisse / poids total) x 100

Le pourcentage moyen de graisse d'un homme de 20 ans est de 15. S'il a un poids de 70 kg et un pourcentage de gras de 15, l'estimation de son poids en graisse est de 10,5 kg. Pour une femme de 20 ans, le pourcentage moyen de graisse est de 25. Si elle pèse 60 kg, l'estimation de son poids en graisse est de 15 kg, pour un pourcentage de gras de 25.

Âge	Pourcentage moyen de graisse : homme	Pourcentage moyen de graisse : femme
20-30 ans	15	25
30-40 ans	20	29
40-50 ans	24	33
50-60 ans	26	38
60-70 ans	26	38

Deux raisons expliquent la différence entre le pourcentage de gras des hommes et celui des femmes. La première est la présence, chez les femmes, de lipides caractéristiques du sexe féminin (seins et hanches). La seconde porte sur la masse musculaire et s'explique par l'expression du pourcentage de graisse, qui est le rapport du poids de la graisse sur le poids total : comme la masse musculaire d'un homme est généralement plus importante que celle d'une femme de même taille, son poids le sera aussi et son pourcentage de graisse sera donc plus bas.

Les valeurs reliées à la graisse, en poids et en pourcentage, sont intéressantes lorsqu'on analyse l'évolution du poids corporel. Illustrons, à l'aide d'un exemple simple, l'utilisation du pourcentage et du poids en graisse. Un homme pèse 100 kg et on estime son taux de graisse corporelle à 30 % (30 kg de graisse). À la suite d'exercices et d'une forte restriction calorique, il perd 20 kg et son pourcentage estimé de graisse descend à 25 % (20 kg de graisse / 80 kg de poids total). Grâce au pourcentage de graisse, au poids total perdu et au poids perdu en gras, il est possible d'estimer qu'il a perdu au total 20 kg, dont 10 kg de graisse, d'une part, et 10 kg de muscles et probablement d'eau, d'autre part. Cette perte en masse musculaire et en eau n'était probablement pas un objectif, mais il est important d'en tenir compte lors de l'analyse de l'évolution du poids corporel.

Évolution du poids corporel et des différents tissus	Avant le régime et l'entraînement	Après le régime et l'entraînement	Variation après le régime et l'entraînement
Poids corporel (kg)	100	80	-20 %
Taux de gras (%)	30	25	-17 %
Poids en graisse (kg)	30	20	-33 %
Poids perdu en graisse (kg)	-	10	-
Poids perdu en masse musculaire et (ou) en eau (kg)	-	10	-

Voici un autre exemple d'évolution du poids corporel qui présente un poids perdu en graisse égal à un poids gagné en masse musculaire grâce, entre autres, à un programme d'entraînement musculaire. Ainsi, dans cet exemple, nous démontrons qu'il est possible de perdre de la graisse sans que le poids corporel ne change.

Évolution du poids corporel et des différents tissus	Avant	Après une période d'entraînement de 3 mois	Variation après l'entraînement
Poids corporel (kg)	60	60	0 %
Taux de gras (%)	20	15	-25 %
Poids en graisse (kg)	12	9	-25 %
Poids perdu en graisse (kg)	-	3	-
Poids gagné en masse musculaire (kg)	-	3	-

Quelle méthode utiliser?

Différentes méthodes permettent d'estimer ou de mesurer le taux de gras corporel. La seule façon de déterminer précisément la quantité de graisse dans le corps est la dissection du cadavre. Nous ne nous y attarderons pas, pour des raisons évidentes!

D'autres méthodes sont difficilement accessibles à l'ensemble de la population. La pesée hydrostatique en est un bon exemple. Ce procédé s'effectue dans un bassin spécialisé où l'on mesure, entre autres, le poids corporel d'un individu dans l'eau. Le scanneur de type DEXA est un autre exemple de méthode valide. Malheureusement, pour des raisons de coût, cette méthode utilisant l'imagerie à rayons X est peu accessible. Deux méthodes d'estimation du pourcentage de graisse sont accessibles et régulièrement utilisées dans le monde du conditionnement physique: celle des plis cutanés, et celle de la bio-impédance électrique.

La densité moyenne de la graisse est de 0,9 g/cm³, tandis que celle du muscle est de 1,1 g/cm³. Ces valeurs signifient que le muscle pèse environ 20 % de plus que la graisse pour un même volume. Lors de la pratique d'activités physiques, il est possible de constater un gain de poids malgré une diminution du tour de taille causée par une perte de graisse dans la région de l'abdomen. Cette éventualité est en partie attribuable à la différence de densité entre le tissu musculaire et le tissu adipeux.

La méthode des plis cutanés

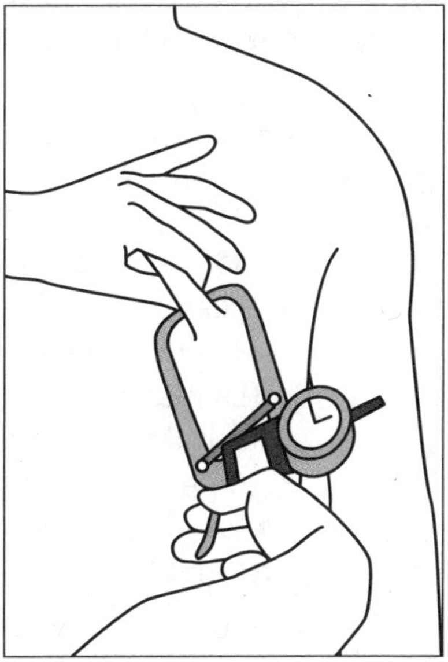

À l'aide d'un adipomètre, outil ressemblant à une grande pince, on mesure en millimètres une double épaisseur de graisse sous-cutanée et de peau à différents sites. Plusieurs méthodes utilisent les plis cutanés. Par exemple, la méthode de Durnin et Womersley utilise quatre plis (biceps, triceps, omoplate et hanche). La méthode d'Allen utilise quant à elle dix plis (biceps, omoplate, hanche, mollet, genou, côtes, abdomen, poitrine, joue et menton). À l'aide d'équations, on peut estimer le pourcentage de graisse grâce aux mesures obtenues. Ce procédé intéressant présente tout de même certaines faiblesses quant à l'exactitude des mesures ; nous nous attarderons sur les plus importantes.

La première faiblesse de la méthode des plis cutanés réside dans le fait que l'évaluateur doit maîtriser la technique pour éviter les erreurs de mesure. La deuxième est que cette méthode d'estimation du pourcentage de graisse ne tient pas compte de la graisse à l'intérieur de l'abdomen et des organes, des muscles et des os. En fait, l'adipomètre ne prend que des mesures de la graisse sous-cutanée pour estimer le pourcentage de gras total dans le corps. Enfin, la distribution du tissu adipeux sur le corps varie d'une personne à l'autre. Si bien que, selon la méthode utilisée (p. ex., quatre plis par rapport à dix plis), le pourcentage de graisse obtenu sera différent chez une même personne. En plus de compter différentes faiblesses limitant l'exactitude des mesures, ce procédé peut aussi être perçu comme intimidant et gênant pour certaines personnes.

LA RÉALITÉ EN BREF

La mesure du taux de graisse est utile pour estimer le poids en graisse dans le corps. Il est intéressant de noter que lorsqu'on effectue la mesure à plus d'une reprise, elle permet d'observer l'évolution dans le temps de la quantité de graisse corporelle. La mesure des plis cutanés est une méthode accessible et très répandue de détermination du pourcentage de graisse.

Vous avez aimé ce sujet? Lisez :

- Mon poids perdu, c'est juste du gras !
  (Les composantes du poids) (p. 110)
- Mon poids perdu, c'est juste du gras !
  (La mesure par courant électrique) (p. 119)
- Mon IMC est de 26, je suis trop grosse !
  (Qu'est-ce que l'IMC ?) (p. 123)
- Mon IMC est de 26, je suis trop grosse !
  (Avantages et inconvénients de l'IMC) (p. 128)

MYTHE ? MON POIDS PERDU, C'EST JUSTE DU GRAS !

(LA MESURE PAR COURANT ÉLECTRIQUE)

Différente de la méthode des plis cutanés, la méthode par bio-impédance électrique, qui permet la détermination du taux de gras, est de plus en plus utilisée dans le monde du conditionnement physique.

La méthode par bio-impédance électrique

La méthode par bio-impédance électrique, qui se fonde sur la mesure de la conductibilité électrique dans le corps, se caractérise par l'utilisation d'un faible courant électrique imperceptible qui traverse une partie du corps entre deux électrodes. Elle permet, notamment, une mesure de la résistance électrique du corps ou des parties du corps mesurées, qu'il est possible de reconvertir en pourcentage de gras ou en masse grasse. Les résultats sont basés sur le fait que la conductibilité électrique est plus élevée dans les tissus musculaires que dans les tissus gras, ce qui s'explique par le fait que le muscle est composé à 75 % d'eau tandis que le gras n'en contient que 10 %. Cette méthode rapide et peu intimidante présente quand même certaines faiblesses limitant l'exactitude des mesures.

> **Les gymnastes masculins et féminins** de haut niveau ont respectivement un pourcentage moyen de graisse de 5 % et de 12 %. À titre comparatif, les athlètes de sumo ont, pour la plupart, un pourcentage de gras dépassant 30 %.

Tout d'abord, il est essentiel que le courant traverse une grande portion corporelle pour obtenir une mesure qui reflète l'ensemble du corps. Le courant traverse le corps par le chemin le plus court. Lorsque l'appareil est du type «main à main», l'appareil est tenu dans les mains et le courant passe d'une main à l'autre en traversant le haut du corps; la valeur de résistance mesurée correspond donc seulement à la portion supérieure du corps. Si l'appareil est du type «pied à pied», la personne est debout sur l'appareil comme sur un pèse-personne; la valeur de résistance mesurée correspond alors à la portion inférieure du corps. Certains appareils sont du type «main à pied», ce qui semble mieux correspondre à une mesure du pourcentage de graisse dans l'ensemble du corps. Toutefois, il est important de noter que peu importe le type d'appareil utilisé, cette technologie ne tient pas suffisamment compte de la graisse au niveau du tronc, ce qui peut causer une perte d'exactitude dans la mesure. Par exemple, les obèses ont une morphologie différente des individus maigres. En fait, proportionnellement, ces derniers ont une quantité de masse grasse plus importante au niveau du tronc que dans les bras et les jambes. Ainsi, leur pourcentage de graisse mesuré par cette méthode sera souvent sous-estimé.

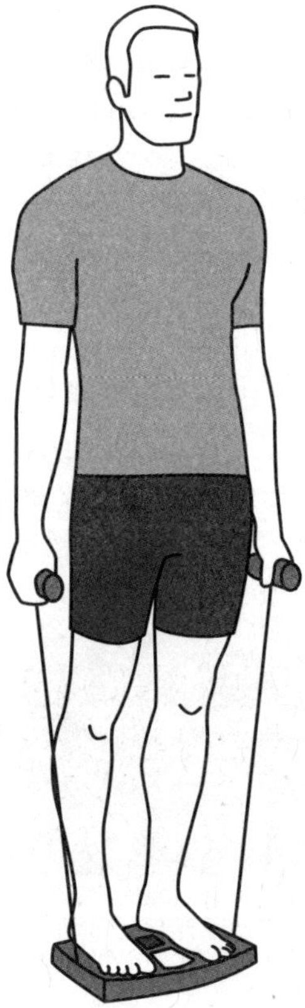

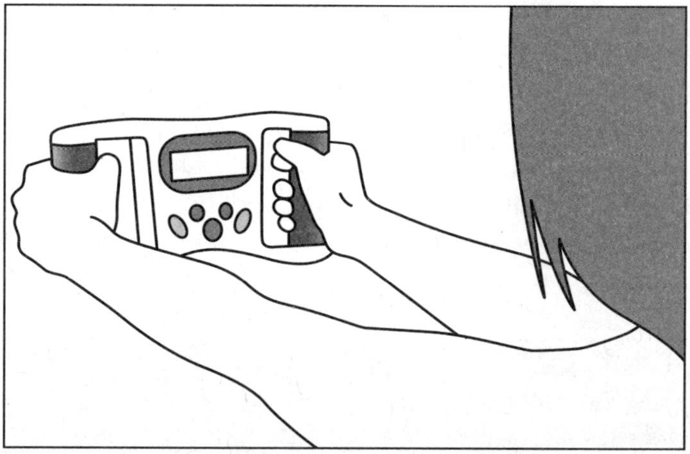

Une autre faiblesse de l'utilisation des appareils à bio-impédance est la variabilité d'hydratation. Les équations utilisées pour déterminer le taux de gras supposent un taux d'hydratation moyen et constant. Une déshydratation entraîne une sous-estimation de la masse musculaire, et donc une surestimation du taux de gras. Or, la pratique d'exercices peut occasionner une certaine déshydratation. À l'inverse, une surhydratation ou une rétention d'eau entraînent une surestimation de la masse maigre, donc une sous-estimation du taux de gras. Afin de limiter la perte de validité liée à l'hydratation, il est impératif de toujours effectuer la mesure du taux de gras par bio-impédance électrique dans les mêmes conditions. Une mesure à jeun le matin est idéale lorsqu'on veut comparer les valeurs au fil du temps.

Les mesures obtenues par l'appareil sont utilisées dans des équations pour déterminer le taux de gras. Or, ces équations correspondent à des tranches précises de la population. Par exemple, un appareil peut présenter quatre équations possibles: « femme », « homme », « femme sportive » et « homme sportif ». Par conséquent, pour une même personne, selon qu'elle choisit « sportif » ou non, la valeur du taux de gras pourra être complètement différente (p. ex., 15 % pour « homme » comparativement à 8 % pour « homme sportif »). Il est parfois difficile de déterminer à quelle catégorie de population on appartient. Par exemple, pour certains modèles, la catégorie « sportif » est souvent attribuée à une personne active physiquement plusieurs heures par semaine. De nombreuses personnes se situent en fait dans un entre-deux, ce qui limite grandement l'exactitude de la mesure.

Enfin, des appareils à bio-impédance à coût modique sont maintenant disponibles pour un usage personnel. Toutefois, ces appareils de plus en plus répandus sont d'une qualité qui laisse à désirer et, donc, donnent des mesures de pourcentage de graisse peu fiables.

Selon certains tests réalisés dans la ligue nationale de football américain (NFL), les demis défensifs ont un pourcentage de gras moyen de 6 %. À titre comparatif, les joueurs de ligne offensive ont un pourcentage de gras moyen de 25 %.

Une seule méthode

Comme nous l'avons vu, l'exactitude de la mesure des méthodes d'estimation du taux de gras - que ce soit la méthode des plis cutanés ou de bio-impédance électrique - demeure moyenne. Pour s'informer partiellement sur l'évolution du poids des différents tissus du corps, il est essentiel de toujours utiliser la même méthode, dans les mêmes conditions, avec les mêmes outils et, idéalement, avec le même évaluateur.

LA RÉALITÉ EN BREF

Pour savoir si le poids perdu est du gras ou non, l'utilisation du pèse-personne est assez limitée. Toutefois, l'emploi combiné d'un pèse-personne et d'une méthode d'estimation du taux de gras peut être une avenue beaucoup plus intéressante.

Vous avez aimé ce sujet? Lisez:

- Mon poids perdu, c'est juste du gras! (Les composantes du poids) (p. 110)
- Mon poids perdu, c'est juste du gras! (Le pourcentage de graisse) (p. 114)
- Mon IMC est de 26, je suis trop grosse! (Qu'est-ce que l'IMC?) (p. 123)
- Mon IMC est de 26, je suis trop grosse! (Avantages et inconvénients de l'IMC) (p. 128)

MYTHE ? MON IMC EST DE 26, JE SUIS TROP GROSSE !

(QU'EST-CE QUE L'IMC ?)

Inventé par un scientifique belge du nom d'Adolphe Quetelet (1796-1874), l'indice de masse corporelle (IMC) est une mesure populaire représentant un rapport entre le poids et la taille. Elle permet de déterminer si le poids corporel, mis en relation avec la taille, présente des risques pour la santé. D'ailleurs, l'Organisation mondiale de la santé l'a adoptée comme standard pour évaluer les risques pour la santé liés au surpoids ou à la maigreur chez l'adulte.

L'IMC est employé par les spécialistes de la santé et de l'entraînement, mais est aussi utilisé dans plusieurs chroniques et reportages traitant du « poids idéal » ou du « poids santé ». Cette mesure simple comporte certains inconvénients qu'on doit comprendre si on veut s'en servir adéquatement. Des valeurs situées en dehors des limites établies prouvent-elles que le poids est trop (ou pas assez) élevé et qu'il présente réellement des risques pour la santé ?

L'équation

L'IMC se détermine à partir de deux variables : le poids et la taille.

L'équation est simple :

$$\text{IMC} = \text{poids (kg)} / \{\text{taille (m)}\}^2$$

Le nomogramme

En plus de cette équation, il est possible d'utiliser des échelles graduées (nomogrammes) qui permettent d'établir rapidement l'IMC : il suffit de relier par un trait le poids (lb ou kg) et la taille (po ou cm) et de prolonger ce trait jusqu'à la valeur d'IMC.

Nomogramme de l'IMC

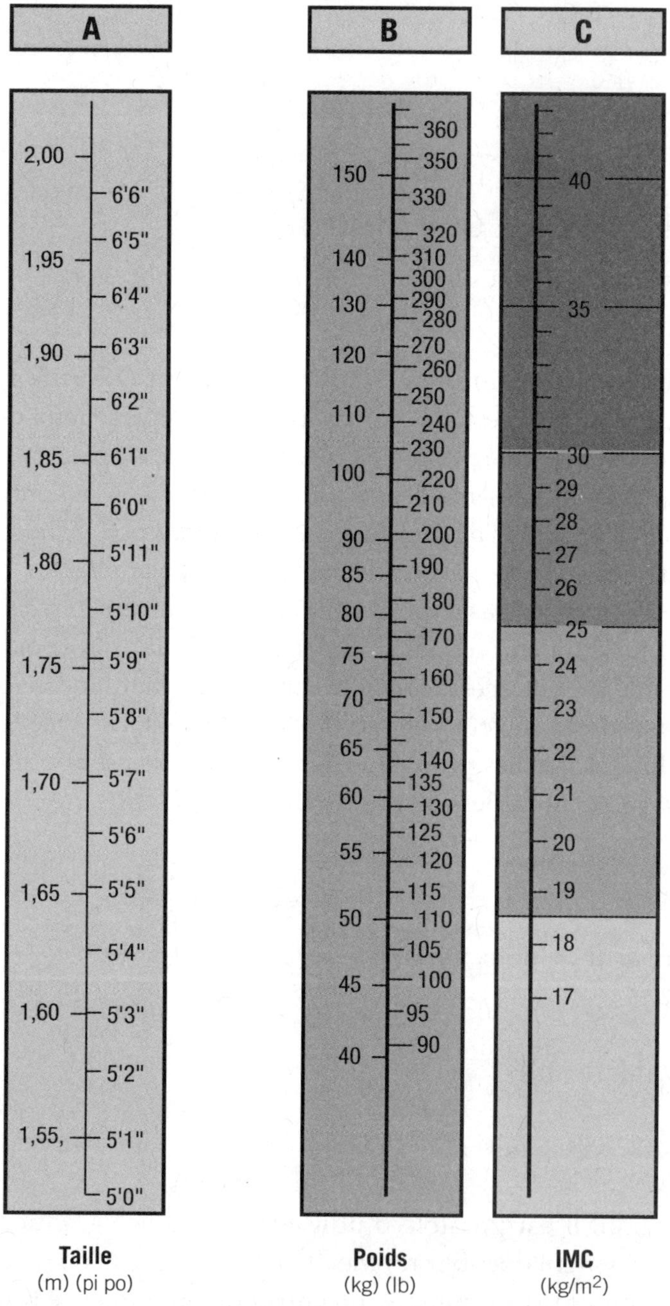

Tracez un X sur l'échelle A, vis-à-vis de votre taille. Tracez un X sur l'échelle B, vis-à-vis de votre poids actuel. À l'aide d'une règle, tracez une ligne reliant les deux X. Pour déterminer votre IMC, prolongez cette ligne jusqu'à l'échelle C. Par exemple, si Éric mesure 1,75 m et pèse 80 kg, son IMC est de 26; si Louise mesure 1,60 m et pèse 55 kg, son IMC est de 21,5.

Les normes axées sur la santé

L'IMC évalue les risques pour la santé (risques d'apparition de maladies et de mortalité) et non l'esthétique corporelle. En fait, un IMC élevé est lié à une hausse du risque de mortalité toutes causes confondues, mais on constate particulièrement une hausse du nombre de décès causés par les maladies du cœur, le cancer, le diabète et les accidents vasculaires cérébraux au fur et à mesure que l'IMC augmente.

Classification du risque pour la santé en fonction de l'indice de masse corporelle (IMC)

N.B.: S'applique aux adultes de 18 ans et plus.
Ne pas utiliser chez les femmes enceintes et les femmes qui viennent d'accoucher.

Classification	Catégorie de l'IMC (kg/m^2)	Risque pour la santé
Poids insuffisant	<18,5	Risque accru de développer des problèmes de santé
Poids normal	18,5 - 24,9	Moindre risque de développer des problèmes de santé
Excès de poids	25,0 - 29,9	Risque accru de développer des problèmes de santé
Obésité classe I	30,0 - 34,9	Risque élevé de développer des problèmes de santé
Obésité classe II	35,0 - 39,9	Risque très élevé de développer des problèmes de santé
Obésité classe III	≥40,0	Risque extrêmement élevé de développer des problèmes de santé.

Note: Dans le cas des personnes de 65 ans et plus, l'intervalle «normal» de l'IMC peut s'étendre à partir d'une valeur légèrement supérieure à 18,5 jusqu'à une valeur située dans l'intervalle de «excès de poids».

Adapté de: Organisation mondiale de la santé. *Obesity: Preventing and Managing the Global Epidemic: Report of a WHO Consultation on Obesity.* Genève: OMS, 2000, page 9.

L'IMC est indépendant du sexe

Bien que les femmes présentent en moyenne un taux de masse grasse supérieur à celui des hommes, les risques pour la santé ne diffèrent pas vraiment pour une même catégorie d'IMC. En effet, le type de graisse spécifiquement féminin (situé dans la région des hanches et des seins) ne semble pas présenter des risques pour la santé. Les normes sont semblables pour les hommes et les femmes, car chez ces dernières, la masse grasse plus élevée (graisses reliées au sexe) est compensée par une plus petite masse musculaire.

L'IMC et L'IMG

À partir de l'indice de masse corporelle, il est possible de déterminer l'indice de masse grasse (IMG). L'IMG s'exprime en pourcentage et mesure la proportion entre le poids du tissu adipeux et le poids total. On peut comparer la valeur de l'IMG au pourcentage de gras, qui peut être évalué par des méthodes spécifiques. Malheureusement, l'exactitude de la mesure de l'IMG est faible, car ce dernier ne se base que sur le poids, la taille, l'âge et le sexe. En comparaison, les différentes méthodes de détermination du pourcentage de graisse (plis cutanés, bio-impédance électrique, pesée hydrostatique, etc.) ne sont pas parfaites, mais elles sont sans contredit plus valides que l'IMG.

Sous 16,5, l'IMC est associé à la dénutrition, état découlant d'un apport nutritionnel insuffisant en regard de la dépense énergétique de l'organisme. Un IMC supérieur à 40 diminuerait l'espérance de vie de dix ans, une baisse équivalente à celle provoquée par le tabagisme.

Variantes de l'IMC

Outre l'IMC, différentes équations permettent de déterminer le poids « idéal » théorique. Tout comme l'IMC, elles utilisent la taille, mais aussi, selon l'équation, d'autres variables telles que la circonférence du poignet, l'âge et le sexe. En voici un exemple :

Formule de Creff

(Les unités utilisées pour la formule de Creff sont les kilogrammes pour le poids et les centimètres pour la taille.)

Pour une morphologie « normale »
Poids idéal ou santé = [taille – 100 + (âge / 10)] x 0,9

Pour une morphologie « fine »
Poids idéal ou santé = [taille – 100 + (âge / 10)] x 0,9 x 0,9

Pour une morphologie « large »
Poids idéal ou santé = [taille – 100 + (âge / 10)] x 0,9 x 1,1

Comme ces équations tiennent compte de plus de variables que l'IMC, elles peuvent être plus précises pour déterminer le poids idéal pour la santé. Malheureusement, contrairement à l'IMC, elles ne sont pas aussi simples à calculer et ne sont pas accompagnées de normes qui permettent de déterminer les risques pour la santé.

LA RÉALITÉ EN BREF

L'IMC est une mesure établissant un rapport entre le poids et la taille. Son utilisation est très répandue et reste une valeur utile pour évaluer les risques de maladies et de mortalité associés au surpoids ou à la maigreur.

Vous avez aimé ce sujet? Lisez:

- Mon poids perdu, c'est juste du gras! (Les composantes du poids) (p. 110)
- Mon poids perdu, c'est juste du gras! (Le pourcentage de graisse) (p. 114)
- Mon poids perdu, c'est juste du gras! (La mesure par courant électrique) (p. 119)
- Mon IMC est de 26, je suis trop grosse! (Avantages et inconvénients de l'IMC) (p. 128)

MYTHE ? MON IMC EST DE 26, JE SUIS TROP GROSSE !

(AVANTAGES ET INCONVÉNIENTS DE L'IMC)

L'IMC est une mesure qui comporte des avantages et des inconvénients. Afin de bien interpréter ses résultats, il est important d'en comprendre les subtilités.

Les avantages de l'IMC

Contrairement à la plupart des mesures de composition corporelle, l'IMC est simple à calculer : il suffit de disposer d'un pèse-personne et d'un ruban à mesurer (la plupart d'entre nous connaissent déjà leur taille et leur poids). Une fois le poids et la taille mesurés, il ne reste qu'à utiliser le nomogramme à cet effet ou à faire le calcul (kg/m^2). En plus d'être simple, la mesure de l'IMC peut être comparée à des normes s'adressant aux adultes pour évaluer les risques sur la santé liés au surpoids ou à la maigreur. Comme nous l'avons expliqué précédemment, on peut même mesurer son indice de masse grasse (IMG) à partir de l'IMC. Malgré sa faible validité, l'IMG est un indice de pourcentage de gras.

Les inconvénients de l'IMC

La principale faiblesse de l'IMC est que l'équation qui le détermine ne distingue pas les différents tissus composant le poids corporel. En effet, le surpoids ou l'obésité représentent des risques pour la santé lorsque la masse grasse est en quantité trop importante, mais un IMC élevé pourrait aussi être attribuable à une masse musculaire importante. L'IMC de certains sportifs ou adeptes de musculation excède 25 kg/m^2 bien que leur masse adipeuse (grasse) soit faible, car ils ont une masse musculaire plus importante que la moyenne.

En plus de ne pas distinguer la masse musculaire de la masse grasse dans le poids corporel, on ne peut pas différencier les types de tissus adipeux qui le composent. Or, en quantité importante, la graisse qui se situe à l'intérieur de l'abdomen, entre les organes et les viscères (graisse intra-abdominale ou viscérale), présente davantage de risques pour la santé (diabète de type II, maladies du cœur et hypertension) que le tissu adipeux qui se situe sous la peau (graisse sous-cutanée). La distribution ou la répartition de la graisse dans le corps n'est pas non plus identique chez tous : par exemple, chez certains hommes, c'est la quantité de tissu adipeux intra-abdominal qui est élevée, alors que c'est la graisse sous-cutanée (principalement dans les zones comme les hanches et les seins) qui l'est chez certaines femmes. Et pourtant, leur IMC peut être identique.

Au moment de remporter le titre de Monsieur Olympia en 1975, Arnold Schwarzenegger mesurait 1,88 m et pesait 106,5 kg. Il avait donc un IMC de 30 kg/m². Selon les normes relatives aux adultes, cet IMC suggère qu'en 1975, Arnold Schwarzenegger était obèse et que sa présumée masse adipeuse lui faisait courir des risques pour sa santé. Bien entendu, ce n'était pas le cas puisqu'en fait, son taux de masse grasse était très faible.

Par ailleurs, les normes de l'IMC ne s'adressent pas à tous. Chez les adultes de plus de 65 ans, le poids peut être considéré comme insuffisant si l'IMC avoisine 20 kg/m² et non 18,5 kg/m², comme chez les adultes plus jeunes. Chez les aînés, les valeurs correspondant à des risques moindres pour la santé sont plus élevées en raison d'une diminution inévitable de la masse musculaire liée au vieillissement. L'IMC peut être utilisé chez les jeunes de moins de 18 ans pour identifier le surpoids ou la maigreur, mais il est nécessaire de se servir d'autres normes, qui varient selon l'âge. Par exemple, l'IMC moyen des enfants canadiens de 6 à 11 ans, entre 2007 et 2009, était de 17,8 kg/m². Celui des adolescents et des jeunes adultes canadiens de 12 à 19 ans était de 22,5 kg/m². En outre, les normes ne sont pas nécessairement adaptées à toutes les populations ethniques : par exemple, on observe chez les Asiatiques un risque accru pour la santé à des valeurs d'IMC inférieures. De plus, la mesure de l'IMC présente certaines limites dans les situations où les gens sont très grands où très petits. Enfin, pour des raisons évidentes, les normes d'IMC ne sont pas appropriées pour les femmes enceintes, celles qui viennent d'accoucher, les paraplégiques et quadriplégiques ainsi que les amputés.

L'IMC ne peut pas non plus tenir compte des antécédents de poids : une perte ou un gain de poids considérable en peu de temps entraîne une augmentation des risques pour la santé, et ce, quelle que soit la valeur de l'IMC. Cette situation occasionne un grand stress pour le corps et peut mener à des désordres hormonaux, métaboliques et immunitaires.

Utilité de l'IMC pour l'évaluation de la condition physique

Généralement, lorsqu'on évalue la condition physique, l'IMC est utilisé en parallèle avec d'autres mesures pour obtenir une estimation plus précise de la composition corporelle. Par exemple, la circonférence de la taille permet d'avoir de l'information sur les risques liés à un excès de graisse abdominale. Différentes méthodes de mesure du pourcentage de graisse peuvent nous informer sur le rapport de la masse adipeuse sur la masse totale.

Il n'est pas rare de mesurer, chez les mannequins de sexe féminin, des IMC de 16 à 18 kg/m². Par exemple, un IMC de 18 kg/m² équivaut à un poids de 55 kg (121 lb) pour une taille de 1,75 m (5 pi 9 po).

LA RÉALITÉ EN BREF

À l'heure actuelle, l'IMC est l'indicateur le plus utile des risques pour la santé associés à un poids excessif ou insuffisant. L'IMC demeure un bon indice pour la majorité des personnes, excluant toutefois celles ayant une grande masse musculaire, les femmes enceintes ou celles qui viennent d'accoucher et les personnes âgées de plus de 65 ans.

Que répondre finalement à l'affirmation : « Mon IMC est de 26, je suis trop grosse ! » ? Généralement, pour un adulte âgé entre 18 et 65 ans, un IMC de 26 kg/m² est associé au surpoids et à un risque accru de développer des problèmes de santé. Toutefois, cette valeur se rapproche de la limite de 25, ce qui suggère qu'une légère perte de poids pourrait être suffisante pour réduire les risques de développer ces problèmes. Gardons à l'esprit qu'une valeur d'IMC supérieure à 25 peut aussi vouloir dire que la personne en question fait partie d'une catégorie pour laquelle l'utilisation de cet indice n'est pas justifiée.

De plus, si l'IMC était utilisé avec d'autres mesures comme la circonférence de la taille et une méthode valide d'estimation du pourcentage de graisse, il serait possible d'obtenir une évaluation plus précise de la composition corporelle. On pourrait par exemple obtenir un indice de la répartition du tissu adipeux et un autre de la distinction entre la masse grasse et la masse musculaire.

Vous avez aimé ce sujet? Lisez:

› Mon poids perdu, c'est juste du gras! (Les composantes du poids) (p. 110)
› Mon poids perdu, c'est juste du gras! (Le pourcentage de graisse) (p. 114)
› Mon poids perdu, c'est juste du gras! (La mesure par courant électrique) (p. 119)
› Mon IMC est de 26, je suis trop grosse! (Qu'est-ce que l'IMC?) (p. 123)

MYTHE ? | PERDRE DU POIDS EN LEVANT DES POIDS : IMPOSSIBLE !

L'entraînement en musculation est en général associé à l'augmentation de la force et de la masse musculaires. Mais est-il aussi possible de perdre du poids grâce à l'entraînement musculaire ?

Poids ou gras

Comme on l'a vu au thème « Mon poids perdu, c'est juste du gras ! », la perte de poids corporel peut s'expliquer principalement par une perte de poids de l'un ou plusieurs des éléments suivants : la masse grasse, la masse musculaire et l'eau. En général, ceux qui recherchent une perte de poids souhaitent une perte de masse grasse. Nous devons plutôt poser la question : peut-on perdre de la masse grasse par la pratique d'exercices musculaires ?

Dépense énergétique et entraînement en musculation

Nous avons vu dans un autre thème que les exercices auxquels on doit accorder la priorité pour optimiser la dépense énergétique sont les activités physiques de nature aérobie. Même si l'entraînement en musculation n'est pas le meilleur choix d'activité physique pour perdre du poids, il occasionne tout de même une dépense calorique mesurable. En moyenne, la dépense énergétique obtenue pour une heure de musculation est de 300 à 400 kcal. Cette dépense correspond à environ la moitié de la dépense énergétique d'une activité aérobie d'une heure (p. ex., 10 km de course à pied pour une personne pesant 70 kg).

Plusieurs facteurs influencent la dépense énergétique durant un entraînement en musculation. Les plus importants sont le choix des exercices, la façon de les exécuter et le niveau de condition physique de la personne.

Contenu d'entraînement et dépense calorique

On peut optimiser le contenu d'un entraînement en musculation pour augmenter la dépense énergétique en y incluant des exercices musculaires qui favorisent une augmentation de la consommation d'oxygène s'approchant de celle provoquée par un exercice aérobie.

Tout d'abord, comme lors d'un exercice aérobie, il est préférable de choisir des exercices qui sollicitent de grandes masses musculaires plutôt que de petites. Par exemple, le *squat* entraînera une plus grande dépense d'énergie que les redressements assis partiels (aussi appelés *crunch*). Ainsi, les exercices à privilégier sont ceux qui font appel à plus d'une articulation ou à plusieurs muscles (exercices globaux).

La dépense énergétique a été mesurée au *squat* et au développé couché, communément appelé *bench press*, chez des sujets ayant un haut niveau d'entraînement en musculation. Lorsqu'ils utilisaient une charge correspondant à 65 % de leur force musculaire maximale pour environ 15 à 20 répétitions et qu'ils enchaînaient les deux exercices, leur dépense énergétique équivalait approximativement à 15 kcal par minute. À ce rythme, un entraînement d'une heure permettrait une dépense énergétique de 900 kcal !

Ensuite, le temps de repos entre les séries d'exercices doit être court ou nul. Pour la même durée totale d'entraînement, un plus grand nombre de séries d'exercices entraînera une plus grande dépense calorique. L'entraînement en musculation s'effectue traditionnellement de façon horizontale, c'est-à-dire que toutes les séries d'un même exercice sont complétées avant que l'on passe à l'exercice suivant. Par exemple, pendant un entraînement comportant trois séries pour chacun des exercices, le premier exercice est exécuté trois fois avant que l'on passe au prochain exercice, et ainsi de suite. Cette structure d'entraînement impose un temps de repos appréciable, surtout si les séries comportent un nombre maximal de répétitions. Or, d'autres structures d'entraînement sont envisageables pour réduire les temps de repos, ce qui peut augmenter en retour la dépense énergétique pour une séance de même durée. Lorsqu'une série de tous les exercices composant la séance est achevée avant que l'on en recommence une autre, on parle de structure verticale. Lorsque les exercices sont réalisés en verticale, mais sont séparés en groupes, il s'agit d'une structure semi-verticale (mixte). Ainsi, en utilisant la structure verticale ou semi-verticale, on peut réduire le temps de repos si les exercices qui se suivent ne sollicitent pas les mêmes groupes musculaires. L'entraînement en circuit, qui est normalement un enchaînement d'exercices sans repos, est un meilleur choix pour augmenter la dépense énergétique qu'une séance de même durée avec des temps de repos.

Finalement, d'autres facteurs peuvent influencer la dépense énergétique au cours d'un entraînement en musculation, même si le choix des exercices et le temps de repos entre les séries d'exercices demeurent les plus importants. En général, une vitesse d'exécution (tempo) plus rapide entraînera une plus grande dépense énergétique. Le nombre de répétitions à privilégier peut varier, mais en général on optera pour un entraînement en endurance, soit plus de 12 répétitions par série d'exercices.

Exemples de circuits d'entraînement musculaire*

1) Durée totale : 28 minutes
   Structure : verticale (compléter la première série de chacun des exercices avant de commencer la deuxième)
   Nombre de séries : 4
   Durée de chaque série d'exercices : 1 minute
   Temps de repos entre les séries d'exercices : aucun

* Vous trouverez sur le site Internet des Éditions de l'Homme une version pdf des circuits d'entraînement musculaire présentés dans ce livre : editions-homme.com/fichiers/exercices-mythes-et-realites.pdf

1. *Squat*

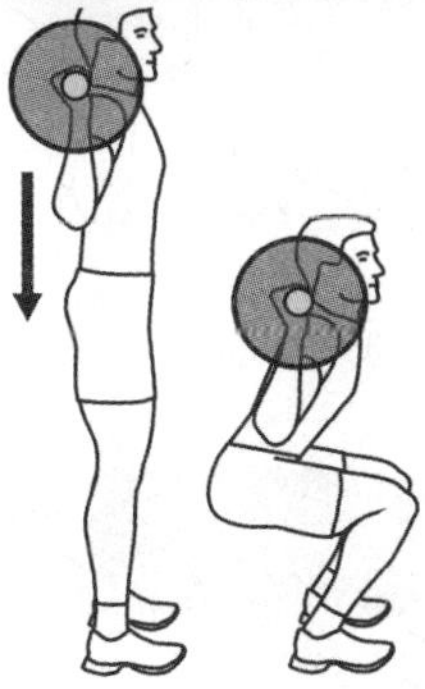

2. Développé couché avec haltères

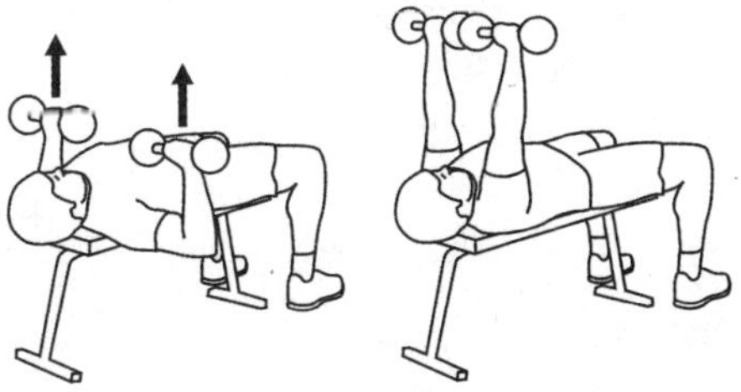

3. Tirade avec haltères

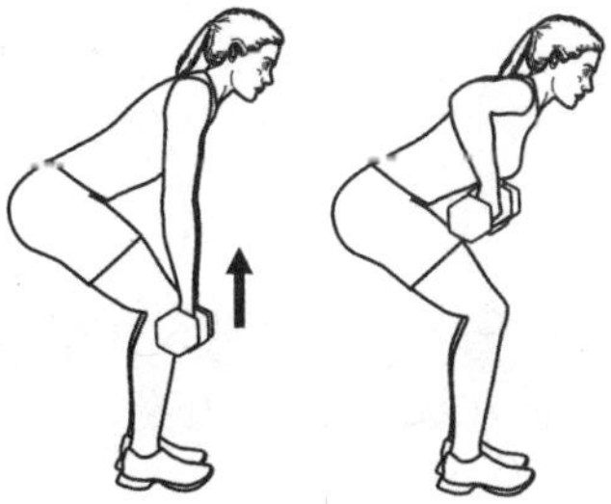

4. Montée sur banc avec haltères – jambe gauche

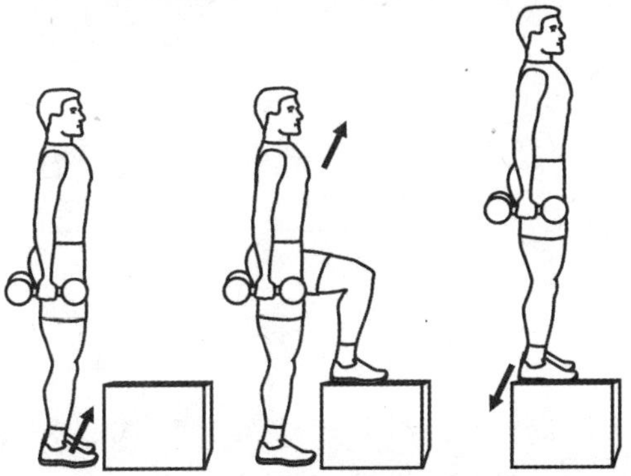

5. Montée sur banc avec haltères – jambe droite

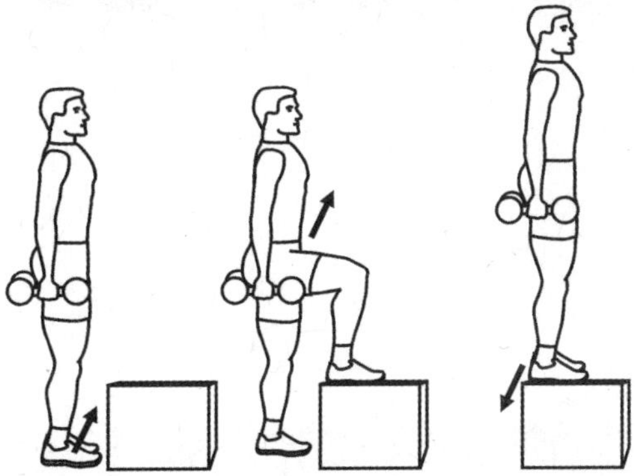

6. Élévation latérale des bras avec haltères

7. Extension aux coudes sur banc

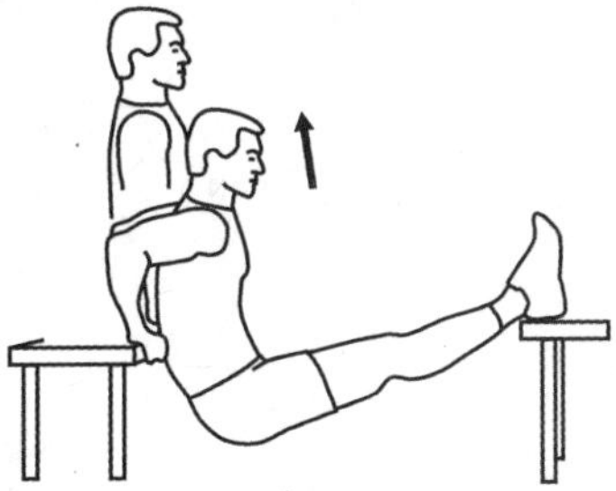

2) Durée estimée : 30 à 35 minutes
   Structure : semi-verticale (compléter les trois séries d'un bloc avant de passer au bloc suivant)
   Nombre de séries : 3
   Nombre de répétitions pour chaque série d'exercices : 15 à 20
   Temps de repos entre les séries d'exercices : aucun

Bloc 1

1. Fente avant avec haltères
2. *Push-up* avec appui des pieds sur ballon
3. Extension dorsale sur ballon

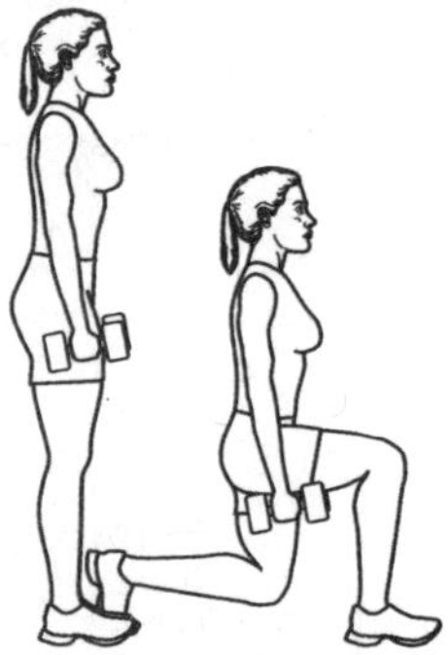

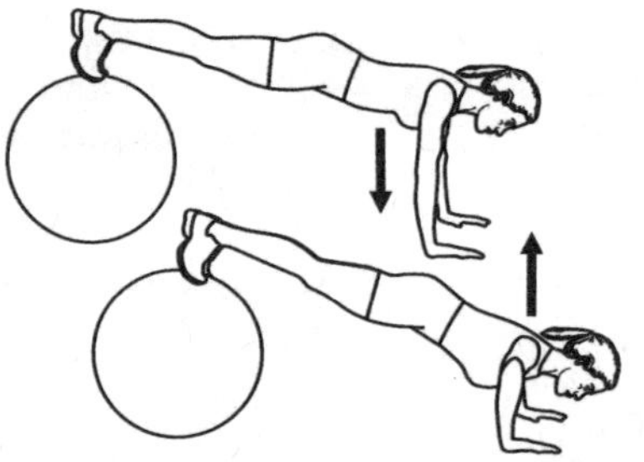

Bloc 2

1. *Squat* au mur avec ballon
2. Traction à la barre en planche
3. Écarté des bras sur ballon

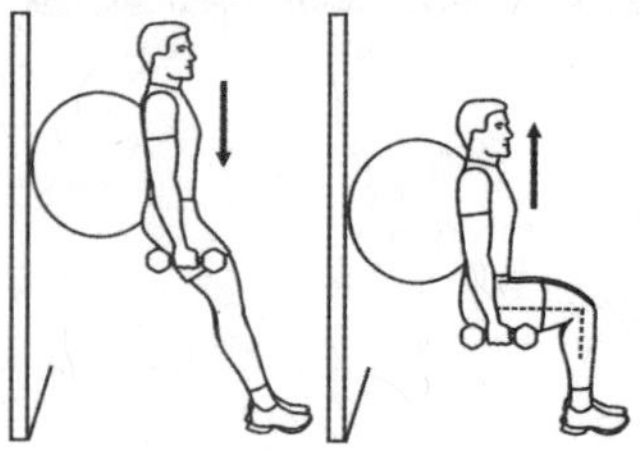

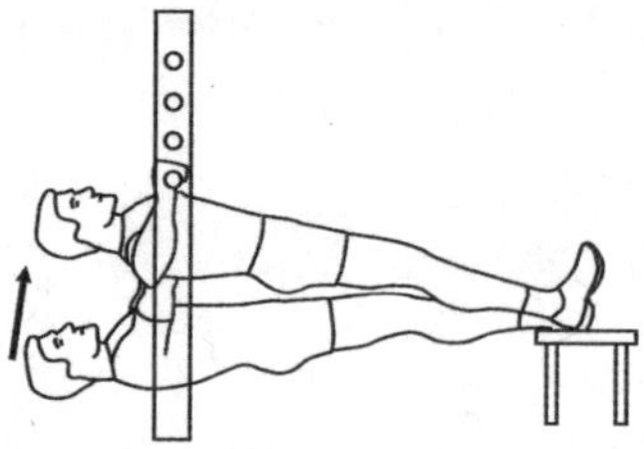

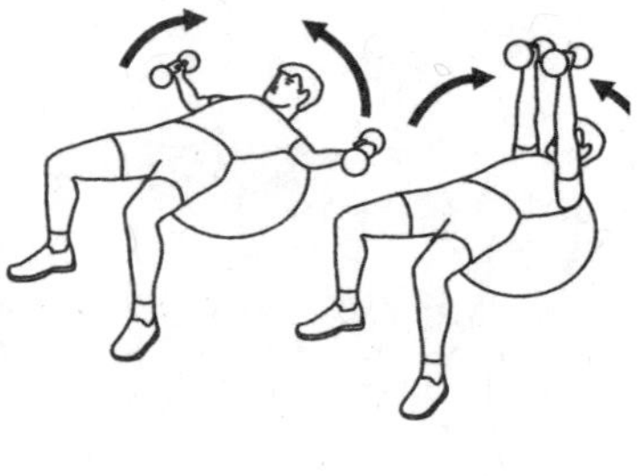

Bloc 3

1. Soulevé de terre	2. Redressement assis avec lancer de ballon	3. Élévation frontale des bras

Condition physique et dépense énergétique

Comme on l'a déjà expliqué, la dépense énergétique liée à une activité aérobie, pour une durée donnée, dépend de l'intensité de l'effort. Cette intensité sera quant à elle déterminée par la condition physique et la motivation de la personne. Pour l'entraînement musculaire, le même principe s'applique. Pour réaliser un entraînement musculaire constitué d'exercices globaux enchaînés avec un minimum de repos, il est essentiel d'être en bonne condition physique et d'avoir un niveau de motivation élevé. De plus, lors de l'exécution des exercices, des charges plus élevées engendreront une plus grande dépense énergétique. Par conséquent, la force et l'endurance musculaires maximales sont des facteurs déterminants de la capacité à dépenser de l'énergie lors de l'entraînement en musculation. Par exemple, si deux individus réalisent le même exercice (p. ex., *bench press*) avec un même nombre de répétitions et une même vitesse d'exécution, celui qui soulève une charge beaucoup plus lourde aura une dépense calorique considérablement plus élevée.

Effets de l'entraînement en musculation sur le métabolisme basal

L'entraînement visant une importante augmentation du volume musculaire peut augmenter le métabolisme basal (dépense énergétique au repos). Par exemple, un homme qui augmente sa masse musculaire de 10 kg pourrait voir sa dépense énergétique au repos augmenter d'environ 100 à 150 kcal par jour. Ce sujet sera couvert au thème suivant.

LA RÉALITÉ EN BREF

Le potentiel de perte de graisse par l'entraînement musculaire est moins élevé que celui de l'entraînement cardiovasculaire. Toutefois, il est possible d'accroître la dépense énergétique en choisissant des exercices globaux et en réduisant au minimum le temps de repos entre les séries d'exercices. Il est préférable d'être en bonne condition physique pour suivre ce type d'entraînement. En outre, utiliser des charges plus lourdes et réaliser davantage de séries permettra d'augmenter encore plus la dépense calorique.

Vous avez aimé ce sujet? Lisez:

- Pas facile de perdre du poids: si au moins j'étais en meilleure forme! (p. 87)
- Pour perdre du ventre: faire des abdos! (p. 91)
- L'exercice aérobie de faible intensité: rien de mieux pour perdre du poids! (p. 96)
- Pour perdre du poids: l'exercice et le régime, rien de moins! (p. 101)
- J'ai de gros muscles, je maigris à ne rien faire! (p. 139)

MYTHE ? | J'AI DE GROS MUSCLES, JE MAIGRIS À NE RIEN FAIRE !

Dans les thèmes précédents, il a été question à plusieurs reprises du bilan énergétique comme facteur d'importance qui influence le poids corporel. On a aussi précisé que le bilan énergétique dépend directement de l'apport et de la dépense en calories.

La dépense énergétique peut s'exprimer par l'unité de mesure appelée « MET » (terme dérivé du mot métabolisme). Un MET équivaut à une consommation d'oxygène de 3,5 ml/kg/min ou à une dépense énergétique d'environ 1 kcal/kg de poids corporel/heure. Au repos, la dépense énergétique est d'environ 1 MET, c'est donc dire que la dépense calorique au repos est d'environ 70 kcal/heure ou 1 680 kcal/jour pour un individu de 70 kg (154 lb). Durant la pratique d'activités physiques ou quotidiennes, la dépense énergétique peut varier, selon l'intensité et le niveau de condition physique, de 2 à 25 MET. Pour un exercice intense (15 MET) de 30 minutes, la dépense énergétique atteint environ 600 kcal pour un poids corporel de 80 kg (176 lb).

L'entraînement en musculation et le gain de masse musculaire qui peut en découler pourraient-ils augmenter de façon significative la dépense énergétique au repos et favoriser ainsi une perte de graisse ?

Qu'est-ce que le métabolisme de base ?

Le métabolisme de base ou basal est la dépense d'énergie minimale permettant à l'organisme de survivre au repos. Cette dépense, qui correspond à 60 à 75 % de la dépense quotidienne, soit 1 200 à 1 800 kcal, permet à l'organisme de maintenir en activité ses fonctions vitales. Par exemple, pour survivre, le corps doit fournir en oxygène et en nutriments différents organes comme le cœur ou le cerveau. Des fonctions comme la respiration ou le maintien de la température corporelle exigent aussi une certaine consommation d'énergie au repos, faisant appel au métabolisme de base.

Facteurs d'influence du métabolisme de base

Différents facteurs déterminent le métabolisme de base : la taille, le poids, l'âge, le sexe, l'activité de la glande thyroïde et même les conditions climatiques. En fonction de certains de ces facteurs, il est possible d'estimer le métabolisme basal. Voici des équations d'estimation du métabolisme de base pour les femmes et les hommes :

Femmes

Métabolisme de base (kcal) =
[9,7 x poids (kg)] + [172,9 x taille (m)] – [4,7 x âge (années)] + 667

Hommes

Métabolisme de base (kcal) =
[13,7 x poids (kg)] + [492,3 x taille (m)] – [6,7 x âge (années)] + 78

Par exemple, le métabolisme de base d'une femme de 20 ans mesurant 1,60 m (5′ 3″) et pesant 55 kg (121 lb) est d'environ 1 385 kcal, et celui d'un homme du même âge mesurant 1,80 m (5′ 11″) et pesant 85 kg (187 lb) est d'environ 1 995 kcal.

Effets de l'entraînement en musculation

L'entraînement en musculation peut provoquer un gain de masse musculaire. Ce gain en muscles est favorisé par un choix de méthodes et de contenus d'entraînement appropriés, comme une fréquence d'entraînement élevé, un nombre maximal de répétitions se situant entre 8 et 12 et un grand nombre de séries d'exercices pour chaque groupe musculaire.

Effets de la prise de poids sur le métabolisme de base

Comme nous l'avons mentionné précédemment, le poids corporel influence le métabolisme de base : plus le poids est lourd, plus le métabolisme de base est élevé. La masse musculaire consomme environ 20 à 25 % des calories totales du métabolisme de base. Chaque kilogramme de masse musculaire supplémentaire augmente le métabolisme de base d'environ 10 à 15 kcal/jour, soit trois fois plus qu'un kilogramme de masse grasse.

Lorsque l'augmentation de masse musculaire est faible (p. ex., moins de 2 kg), l'effet sur le métabolisme de base sera négligeable. Toutefois, une augmentation exceptionnelle de la masse musculaire (p. ex., 15 kg) engendrera une augmentation significative du métabolisme de base (environ 150 à 225 kcal/jour). À titre d'exemple, prenons un homme ayant comme objectif l'augmentation de sa masse musculaire et s'entraînant sérieusement en musculation depuis quelques années. S'il réussit à accroître sa masse musculaire d'environ 10 kg, cette augmentation équivaudra à une hausse de sa dépense énergétique de repos d'environ 900 kcal par semaine. Théoriquement, pour atteindre une dépense en calories équivalant à une perte de ½ kg ou 1 lb de graisse, il devra patienter environ quatre semaines, pourvu qu'il n'augmente pas sa quantité de calories consommées. À la suite d'une augmentation de la dépense énergétique de repos (par l'augmentation de la masse musculaire), on constate souvent simultanément une augmentation de la quantité d'aliments consommés chez les adeptes de musculation. Dans ce cas, le bilan calorique est rétabli et on ne mesurera peut-être aucune perte de graisse.

Chez un fumeur régulier, la dépense énergétique au repos augmente de 10 à 20 %, soit 150 à 300 kcal supplémentaires par jour. L'arrêt de la prise de nicotine entraîne donc une diminution du métabolisme de base. En plus d'une diminution de la dépense énergétique au repos, l'ex-fumeur a davantage d'appétit, ce qui peut mener à un gain de poids corporel. En moyenne, la prise de poids est d'environ 3 à 8 kg (6,5 à 17,5 lb) après avoir cessé de fumer. Afin d'éviter cette prise de poids, il est essentiel de rétablir un bilan énergétique neutre en diminuant l'apport ou en augmentant la dépense calorique.

Prise de masse musculaire

En plus de la méthode et du contenu de l'entraînement, différents facteurs déterminent la prise de masse musculaire, notamment le bagage génétique, le sexe, l'alimentation et l'activité de certaines hormones comme la testostérone. Une prise exceptionnelle de masse musculaire (p. ex., 15 kg) exige, entre autres, des entraînements en musculation fréquents et intenses, ainsi qu'une alimentation suffisante en calories et en protéines. Le gain moyen de masse musculaire chez l'homme et la femme, à la suite de l'entraînement, diffère principalement pour des raisons hormonales. Contrairement à l'homme, il est plutôt rare d'observer chez la femme une augmentation importante de la masse musculaire, et ce, malgré un entraînement axé sur cet objectif.

Un kilogramme de muscle dépense trois fois plus d'énergie qu'un kilogramme de gras au repos; un kilogramme de cerveau dépense 18 fois plus d'énergie qu'un kilogramme de muscle au repos.

Augmentation du métabolisme de base après l'arrêt de l'exercice

Non seulement le métabolisme basal peut s'élever en raison de l'augmentation de la masse musculaire, mais il grimpe aussi après une séance d'entraînement musculaire. En plus d'une dépense moyenne de 300 à 400 kcal pour une heure de musculation, l'augmentation de la dépense énergétique suivant une telle séance pourrait atteindre environ 115 kcal pendant les 15 heures suivant la séance. À titre comparatif, l'augmentation de la dépense énergétique, dans les 12 heures suivant une séance d'activité aérobie, est d'environ 150 kcal.

LA RÉALITÉ EN BREF

L'augmentation de la masse musculaire, souvent due à un entraînement en musculation, peut augmenter légèrement le métabolisme de base. Toutefois, une perte de graisse causée par cette augmentation de dépense énergétique au repos est plutôt rare, car l'augmentation de la masse musculaire doit être très importante avant d'avoir un effet significatif sur la perte de poids. De plus, une augmentation de la consommation d'aliments accompagne généralement l'élévation du métabolisme basal chez les individus dont la masse musculaire s'est développée de façon marquée.

Vous avez aimé ce sujet ? Lisez :

- Faire plus de répétitions : pour être plus découpé ! (p. 64)
- N'arrête jamais l'entraînement : tes muscles se transformeront en gras ! (p. 68)
- Perdre du poids en levant des poids : impossible ! (p. 132)

MYTHES ET RÉALITÉS

SUR L'ENTRAÎNEMENT ET LA PERFORMANCE SPORTIVE

Ce chapitre permettra aux sportifs qui cherchent à maximiser leurs résultats d'entraînement de mieux évaluer leur potentiel et leurs limites. Vous voulez découvrir la recette pour devenir champion du monde ? Vous vous demandez quoi boire, quand, et en quelle quantité pendant l'exercice ? Vous aimeriez connaître l'impact réel sur la performance d'avoir une relation sexuelle avant une compétition sportive ? Les thèmes suivants vous en diront long sur la performance et ses multiples facettes.

MYTHE ? CHAMPION DU MONDE : IL S'AGIT D'Y METTRE LES EFFORTS !

Se couvrir d'or aux Jeux olympiques ou devenir le nouveau détenteur du record du monde dans une discipline sportive est un rêve que très peu d'athlètes de haut niveau réaliseront. Quelle est la recette de la réussite sportive ?

L'atteinte du *peak*

Le *peak*, pour un sportif de compétition, correspond à une performance sportive personnelle optimale. Pour parvenir à ce type de performance, l'athlète doit optimiser son potentiel dans chacune des catégories suivantes : les préparations technique, physique, psychologique et stratégique (tactique). Chacune d'elles variera selon le sport pratiqué et selon l'athlète, mais toutes devront être optimisées au jour J pour obtenir la meilleure performance personnelle possible. L'utilisation d'une planification d'entraînement, permettant de structurer l'entraînement dans le temps, est essentielle pour optimiser la performance de la ou des compétitions les plus importantes.

Les joueurs de tennis Arthur Ashe et Billie Jean King ont affirmé respectivement : « Une des clés du succès est la confiance en soi. Une des clés de la confiance en soi est la préparation. » « J'essaie de perfectionner mes points forts et de cacher mes faiblesses. »

Préparation technique

La préparation technique d'un sportif est essentielle à la performance. Au golf, pour avoir la précision du coup d'approche de Tiger Woods, il faut entre autres améliorer la qualité technique de l'élan. L'amélioration de la technique suppose l'entraînement de la coordination des mouvements propres à l'activité sportive. Que ce soit la capacité d'exécution simultanée de mouvements différents, la capacité d'orientation dans l'espace et le temps, le sens de l'équilibre ou le sens du rythme, la technique propre à l'activité sportive est un facteur déterminant de la performance.

Préparation physique

La préparation physique d'un sportif est un autre aspect essentiel. Pour avoir la vitesse du sprint d'Usain Bolt, il faut entre autres améliorer la vitesse, la force et la puissance musculaires. Chaque discipline sportive exige de ses participants des qualités physiques différentes. Grâce à l'entraînement physique, on peut entraîner les systèmes énergétiques comme le système aérobie pour une durée d'effort de plus de 5 minutes (p. ex., 10 km en ski de fond) et le système anaérobie pour une durée de moins de 5 minutes (800 m en athlétisme), mais aussi les qualités musculaires comme la force maximale, l'endurance, la puissance, la vitesse, la flexibilité ainsi que l'équilibre et la perception du corps (proprioception).

Il est important d'entraîner les qualités physiques inhérentes à la discipline sportive ou celles qui en sont le plus représentatives. Par exemple, le VO_2max et l'endurance aérobie pour le marathon. Par ailleurs, entraîner les qualités physiques en fonction des forces et des faiblesses de l'athlète est primordial pour optimiser sa performance personnelle.

Il est important d'entraîner le ou les aspects présentant un potentiel d'amélioration qui se reflétera positivement sur la performance. Par exemple, un marathonien avec un excellent VO_2max, mais qui n'arrive plus à l'améliorer malgré un entraînement idéal et qui n'a, par ailleurs, pas une excellente endurance aérobie, pourrait entraîner davantage cette dernière qualité afin d'améliorer sa performance. L'athlète ne sera jamais plus fort que le maillon faible de la chaîne!

À cela s'ajoutent les différentes habitudes de vie qui peuvent influencer la capacité d'entraînement et la récupération, comme le type d'alimentation, l'utilisation de suppléments alimentaires, le nombre d'heures de sommeil, le tabagisme, la consommation d'alcool et de drogues, la gestion du stress, le recours à des spécialistes de la santé (médecin, ostéopathe, massothérapeute, physiothérapeute, kinésithérapeute, etc.) et l'adoption de comportements à risques, pour ne citer que ceux-là.

Malheureusement, la préparation physique comprend aussi le dopage pour certains athlètes qui trichent. Les exemples les plus courants sont la prise de stéroïdes pour augmenter la force musculaire maximale, ou d'érythropoïétine de synthèse (EPO) pour améliorer les qualités aérobies en augmentant la capacité de transport de l'oxygène par le corps. Malheureusement, le dopage dans le but de repousser ses limites n'est pas près de disparaître des sports dont la performance est principalement déterminée par la préparation physique, comme l'haltérophilie, le vélo, le sprint ou le lancer du poids en athlétisme.

La patineuse artistique canadienne Joannie Rochette a gagné une médaille de bronze en patinage artistique aux Jeux olympiques d'hiver de 2010 à Vancouver malgré le décès de sa mère survenu pendant les Jeux. L'aspect psychologique de sa préparation lui a permis de faire face au deuil et de réussir une performance sportive optimale.

Préparation psychologique

Pour skier comme Alexandre Bilodeau ou Mikaël Kingsbury, il faut entre autres un niveau idéal de concentration et d'attention. Avec une bonne préparation psychologique, l'athlète peut augmenter la confiance en sa capacité de performance, développer sa capacité de concentration en situation de compétition, maîtriser le maintien d'un niveau d'activation (état d'éveil) idéal propre à la discipline sportive, et améliorer sa prise de décision ou sa capacité d'adaptation en situation de compétition. Différentes techniques comme l'intégration de mots-clés, l'imagerie mentale, l'autosuggestion ou la relaxation permettent d'améliorer ou de perfectionner la préparation psychologique de l'athlète. Faire appel à un psychologue sportif ou à un consultant en psychologie sportive peut l'aider également. Malheureusement, le dopage peut aussi être un outil dans ce domaine. Par exemple, la prise de bêtabloquants diminuerait le niveau de stress au tir à l'arc en bloquant notamment l'adrénaline. De plus, l'usage de stimulants comme l'éphédrine augmenterait le niveau d'activation et d'agressivité dans un sport comme la boxe.

> **La joueuse de tennis Martina Navratilova** a dit : « J'essaie de me concentrer sur ma concentration. »

Préparation stratégique ou tactique

Afin d'obtenir le niveau de performance d'un joueur de tennis de la trempe de Rafael Nadal ou d'un joueur de soccer comme Lionel Messi (FC Barcelone), une bonne préparation stratégique est requise. Il faut entre autres maîtriser l'ensemble des jeux offensifs de son équipe. La préparation stratégique s'effectue avant ou pendant la compétition sportive. Certaines disciplines comme le hockey, le tennis ou le baseball exigeront une préparation stratégique plus importante que l'haltérophilie, le lancer du javelot ou le 100 m en athlétisme. La préparation stratégique permet de mettre à profit ses forces et de tirer avantage des faiblesses de l'adversaire.

LA RÉALITÉ EN BREF

Devenir champion du monde demande des efforts considérables. Malgré l'optimisation personnelle des préparations technique, physique, psychologique et stratégique, l'atteinte du *peak* ne garantit pas une médaille d'or ! En effet, en plus d'avoir une préparation idéale, l'athlète souhaitant devenir un champion du monde devra posséder les prédispositions génétiques spécifiques associées aux exigences de son sport. Les exploits de Michael Phelps en natation, d'Usain Bolt en athlétisme ou de Sydney Crosby au hockey sont déterminés en partie par leur bagage héréditaire.

Vous avez aimé ce sujet ? Lisez :

› Champion du monde : ça se décide à la naissance ! (p. 151)

MYTHE ? | CHAMPION DU MONDE : ÇA SE DÉCIDE À LA NAISSANCE !

Au thème précédent, nous avons expliqué comment les préparations technique, physique, psychologique et stratégique d'un athlète lui permettaient d'optimiser sa performance sportive. Toutefois, une performance optimale n'assurera pas un record du monde si elle n'est pas appuyée par un bagage génétique idéal. Quel est le rôle de la génétique dans la performance sportive ?

Qualités liées à la performance

Pour un niveau de performance élevé, chaque discipline sportive exige différentes qualités. Des capacités physiques comme la force musculaire maximale, l'endurance musculaire, la puissance musculaire, la vitesse, la flexibilité, l'équilibre, la proprioception, la coordination, la puissance et l'endurance aérobie subissent toutes une influence génétique plus ou moins importante.

Pourquoi un champion du marathon ne deviendra-t-il jamais un champion du sprint ?

Une particularité génétique qui influence la capacité de performance de manière importante est la typologie musculaire. Un muscle est composé de fibres qui se divisent en deux types : les fibres de type I et les fibres de type II (IIa et IIx). Les premières sont efficaces lors d'activités qui sollicitent la capacité de résister à la fatigue sur une longue durée. Par conséquent, plus un individu possède un nombre élevé de fibres I dans ses muscles en action, plus sa performance pourra être bonne dans une discipline sportive d'endurance comme le marathon. À l'opposé, les fibres de type II (principalement celles de type IIx) sont performantes lors d'activités qui nécessitent une très grande force, vitesse ou puissance musculaire sur une très courte durée. Ainsi, plus un individu possède un nombre élevé de fibres IIx dans ses muscles en action, plus sa performance dans une discipline sportive comme le 100 m en athlétisme pourra être bonne.

> **Le nageur Michael Phelps** (gagnant de 14 médailles d'or aux Jeux olympiques) possède certains avantages morphologiques d'ordre génétique, comme la longueur de son tronc, la longueur de ses bras, ainsi que la longueur de ses mains et de ses pieds.

La proportion de types de fibres est déterminée génétiquement, ce qui veut dire qu'une fibre musculaire voit son type attribué à la naissance. Toutefois, à la suite d'un entraînement prolongé, il est possible qu'une certaine proportion de fibres adopte partiellement ou complètement les caractéristiques d'un autre type de fibre. À long terme, l'entraînement transformera principalement les fibres de type IIx en fibres de type IIa et les fibres de type IIa en fibres de type I. Cependant, une fibre de type I, résistante à la fatigue, entraînée en force maximale, ne sera jamais aussi forte qu'une fibre de type IIx soumise au même entraînement. Comme la typologie musculaire est liée à l'hérédité et qu'elle est seulement partiellement modifiable par l'entraînement, on peut facilement comprendre que le détenteur du record du monde du marathon, Patrick Makau (2 h 03 min 38 s), ne sera jamais en mesure d'établir une nouvelle marque mondiale du 100 m, record détenu par Usain Bolt (9,58 s).

> **Pour environ 150$,** différentes compagnies offrent une évaluation du potentiel génétique à la performance sportive. Les résultats obtenus permettent de déterminer un indice de la proportion des types de fibres musculaires. Cet indice permettrait de prédire la capacité d'un individu à performer dans des épreuves d'endurance ou de force, de puissance ou de vitesse.

Quelle est l'influence de la génétique sur le VO_2max?

La détermination génétique du VO_2max varierait de 25 à 50 %. Au nombre des paramètres génétiques qui peuvent l'influencer (partiellement ou totalement), on compte le type de fibres musculaires, le taux de globules rouges dans le sang, le taux de gras et les mesures de dimensions corporelles. Par exemple, le taux moyen de globules rouges dans le sang – ou hématocrite moyen – chez la femme est de 38 à 40 % alors qu'il est d'environ 42 % chez l'homme. Ce taux peut avoisiner les 50 %, sans dopage, chez certains athlètes masculins de haut niveau. Comme les globules rouges ont pour rôle de transporter l'oxygène dans le sang, plus le taux de globules rouges est élevé, plus la quantité d'oxygène disponible aux muscles actifs pour l'effort aérobie est élevée.

La taille moyenne des joueurs de l'association nationale de basketball (NBA) est de 201 cm (6' 7"). La taille moyenne des gymnastes olympiques américaines est de 152 cm (5') et celle des gymnastes chinoises est de 145 cm (4' 9").

Quelle est l'influence de la génétique sur la force maximale?

Parmi les facteurs déterminants de la force maximale, on compte la quantité de masse musculaire. La grosseur des muscles se caractérise, entre autres, par le nombre de fibres musculaires; plus les fibres sont nombreuses, plus le muscle peut être gros. Ce facteur est déterminé génétiquement et ne peut pas être modifié. Il en va de même, du moins partiellement, pour le type de fibres musculaires et le taux de certaines hormones favorisant la fabrication de tissus musculaires, comme la testostérone ou l'hormone de croissance. Enfin, la longueur des bras et des jambes, qui est aussi déterminée génétiquement, influence significativement la force maximale.

La « femme de fer » Chrissie Wellington est la détentrice du record du monde de triathlon distance Ironman, qu'elle a complété en 8 h 31 min 59 s. Au moment d'écrire ces lignes (2012), elle demeurait invaincue depuis 2007 sur cette distance, avec dix victoires consécutives. Des facteurs génétiques semblent avoir influencé sa domination sportive, car elle est devenue championne du monde moins d'un an après avoir entamé sa carrière professionnelle.

LA RÉALITÉ EN BREF

La génétique joue un rôle indéniable dans la performance sportive. Toutefois, comme elle détermine partiellement et de multiples façons la performance sportive, plusieurs aspects génétiques n'ont pas été couverts. Nous pouvons néanmoins affirmer que dans une discipline sportive donnée, un bagage génétique approprié, combiné à une préparation technique, physique, psychologique et tactique idéale, augmente les chances d'accomplir une excellente performance.

Vous avez aimé ce sujet? Lisez:

› Champion du monde: Il s'agit d'y mettre les efforts! (p. 147)

MYTHE ? LA BOISSON SPORTIVE : IDÉALE POUR L'ENTRAÎNEMENT

Différentes boissons sportives sont offertes sur le marché. Un grand nombre de sportifs de niveaux différents et pratiquant des activités diverses en consomment. Ces boissons sont-elles nécessaires, quel que soit l'exercice ou l'entraînement ?

Composition des boissons sportives

La plupart des boissons sportives commerciales comme Gatorade® se composent essentiellement d'eau, de glucides (sucres) et d'électrolytes comme le sodium. Pour bien comprendre l'utilité des boissons sportives, expliquons le rôle de chacun de ces ingrédients dans l'activité physique.

L'eau

L'exercice physique est pour le corps une source de production de chaleur. L'homme peut maintenir sa température interne grâce à différents mécanismes physiologiques. Pendant l'exercice, le corps peut dissiper la chaleur par divers moyens, le plus efficace étant l'évaporation d'eau à la surface de la peau. Pendant l'exercice, par temps chaud et sec, l'évaporation de la sueur contribue à plus de 80 % des pertes de chaleur corporelle. Toutefois, dans ce cas, la sueur sécrétée entraîne un besoin de réhydratation pour éviter la déshydratation. Une perte en eau peut causer une diminution de la performance et un risque d'élévation anormale de la température corporelle (hyperthermie). L'hyperthermie peut occasionner des complications dangereuses, comme le coup de chaleur. L'eau contenue dans la boisson sportive, tout comme l'eau ordinaire, favorise donc la réhydratation de la personne active.

Les glucides

Comme les glucides (sucres) sont une source importante d'énergie pendant l'exercice, le manque de glucides, lors d'épreuves continues et de longue durée, peut limiter la performance. C'est pourquoi l'absorption de glucides sous forme liquide, solide ou de gel est recommandée lorsque la durée d'un effort d'une certaine intensité dépasse une heure. La consommation suggérée est de 0,7 g de glucides/kg de poids/heure (environ 30 à 60 g/h pour environ 120 à 240 kcal/h). Cet apport en glucides devra être d'autant plus important si l'athlète n'a pas suivi une diète à teneur élevée en glucides dans les jours précédant l'exercice ou s'il n'a pas consommé un repas quelques heures avant ce dernier. Lorsque la situation l'exige, la concentration recommandée de glucides sous forme liquide est de 5 à 8 % (50 à 80 g/l). Certaines boissons commerciales respectent ce pourcentage, mais il est préférable de le vérifier avant de consommer un de ces produits (certains sont faibles en calories : par exemple, G2 de Gatorade® contient moins de 5 % de glucides). L'absorption de glucides avant l'effort (p. ex., 30 à 60 minutes) n'est pas recommandée, étant donné qu'ils peuvent avoir comme conséquence une baisse du taux de sucre sanguin et ainsi diminuer la performance sportive. Pour être efficace, la consommation de glucides doit commencer peu de temps après le début de l'activité. Une consommation régulière de glucides toutes les 15 à 20 minutes est plus efficace que l'absorption d'une grande quantité après 90 minutes d'effort. En outre, les boissons sportives peuvent favoriser la quantité de liquide ingéré grâce à la palatabilité, c'est-à-dire le plaisir à consommer un aliment ou une boisson qui a bon goût. Certains auront donc davantage de plaisir à boire une boisson sucrée que de l'eau.

En général, l'hydratation avec de l'eau ordinaire est suffisante pendant les exercices qui durent moins d'une heure et durant ceux qui durent plus d'une heure à faible intensité (p. ex., 90 minutes de marche). Il est important de ne pas négliger le fait que la quantité de calories présente dans la boisson sportive commerciale, en raison de ses glucides, est plus importante que l'eau qui ne contient aucune calorie : les personnes qui souhaitent perdre du poids devraient prendre ce facteur en considération.

En plus d'être utilisées dans les sports d'endurance de longue durée, les boissons énergétiques (surtout Gatorade®) doivent notamment leur popularité à leur traditionnel renversement sur l'entraîneur de l'équipe victorieuse au football américain. D'ailleurs, c'est en 1967 que des chercheurs de l'Université de Floride testent pour la première fois, sur dix membres de l'équipe de football universitaire Florida Gators, la boisson qui deviendra Gatorade®.

Les électrolytes

Les électrolytes perdus par la sueur sont principalement le sodium, le potassium, le calcium et le magnésium. Lors d'un exercice de plus de 2 heures, on peut recommander une boisson contenant des électrolytes pour remplacer ces derniers. L'un des avantages de la présence de sodium dans les boissons énergétiques est qu'il facilite le transport et l'absorption des glucides. De plus, si l'on craint une hydratation insuffisante, la consommation d'une boisson contenant des électrolytes ou l'ajout de sodium (de 0,5 à 0,7 g/l) à de l'eau ou à un jus favorise une meilleure réhydratation du corps en augmentant la vitesse d'absorption de l'eau et en stimulant la sensation de soif. En effet, l'eau pure dilue la concentration de sodium dans le sang, ce qui stimule la production d'urine et diminue la sensation de soif.

Dans la plupart des boissons sportives, on retrouve ces différents électrolytes ou du moins le sodium et le potassium, qui sont perdus en quantité plus importante dans la sueur. Toutefois, la quantité que renferment habituellement les boissons commerciales (p. ex., Gatorade® 0,4 g/l) peut être légèrement inférieure à la quantité recommandée : il est alors possible d'y ajouter du sel de table ou d'utiliser des capsules de sel et d'électrolytes.

Lorsque la durée de l'exercice est longue et que la sudation est abondante, la prise d'électrolytes est importante pour diminuer les risques d'une baisse anormale de sodium sanguin. On conseille alors de consommer en liquide, après l'exercice, de 100 à 150 % de la perte de poids survenue pour combler les pertes attribuables à la sudation et à la production d'urine. Par exemple, un cycliste pourrait perdre 2 kg en eau lors d'une longue randonnée ; il devra donc consommer au moins 2 l de liquide après l'exercice. On recommande cependant d'ajouter du sodium pour les raisons mentionnées précédemment. Après l'exercice, il est aussi possible de prendre un repas riche en sodium.

LA RÉALITÉ EN BREF

La consommation de boissons sportives est recommandée principalement lors d'exercices aérobies d'une durée de plus d'une heure à haute intensité. Elles peuvent aussi être consommées lorsque l'activité physique se déroule dans un environnement chaud et humide. Toutefois, si l'un des objectifs de l'entraînement est la perte de poids, la quantité de calories contenue dans les boissons commerciales devrait avoir une influence sur le choix de la boisson : sportive, sportive faible en calories ou eau ordinaire.

Vous avez aimé ce sujet ? Lisez :

- La boisson énergisante : encore mieux ! (p. 159)
- Boire trop d'eau durant l'exercice : impossible ! (p. 164)
- Aïe ! J'ai couru si longtemps que j'ai frappé le mur (p. 169)

MYTHE ? LA BOISSON ÉNERGISANTE : ENCORE MIEUX !

Les boissons énergisantes sont populaires auprès des adolescents et des adultes de moins de 35 ans, qu'ils soient sportifs ou non. Le message publicitaire que véhiculent les compagnies vendant ces boissons indique qu'elles maintiennent l'état de veille et qu'elles améliorent la concentration, la mémoire et l'endurance sportive. La consommation de ces boissons présente-t-elle réellement des avantages pour les sportifs ?

Composition des boissons énergisantes

La plupart des boissons énergisantes comme le Red Bull® contiennent principalement de l'eau gazéifiée, des glucides, de la caféine, de la taurine, du glucoronolactone et des vitamines du groupe B. Analysons de plus près ces ingrédients afin d'évaluer leur utilité dans la pratique sportive.

L'eau gazéifiée

Tout comme la boisson sportive, la boisson énergisante contient de l'eau, mais celle-ci est gazéifiée. L'eau favorisera bien sûr la réhydratation durant l'effort physique. Toutefois, lors d'un effort, les bulles causeront chez certains sportifs des désagréments digestifs allant des ballonnements jusqu'aux vomissements.

Les glucides

Nous avons vu précédemment que la concentration idéale de glucides (sucres) était de 5 à 8 %, soit de 50 à 80 g par litre de boisson. Les boissons énergisantes sont composées d'environ 11 % de glucides (110 g de glucides par litre). Cette teneur élevée en glucides augmente les risques de troubles digestifs, retarde la réhydratation et peut provoquer une baisse éventuelle du taux de sucre sanguin. Pour éviter une concentration trop importante de glucides, il est possible de diluer la boisson énergisante avec une quantité à peu près équivalente d'eau, de manière à obtenir une concentration de 5 à 8 %. Si sa concentration est de 5 à 8 %, la boisson énergisante peut alors être recommandée pour une performance sportive d'endurance aérobie de longue durée (plus de 60 minutes.).

La caféine

La caféine est présente dans différents aliments et boissons. La plupart des boissons énergisantes en contiennent une quantité appréciable, soit environ 80 mg par 250 ml. Il est important de noter que selon la boisson énergisante, la quantité de caféine peut varier de façon marquée, soit d'environ 80 à 350 mg. À titre d'exemple, la boisson énergisante canadienne Guru® en contient 125 mg et la boisson régulière Red Bull® en contient 80 mg. À titre comparatif, pour 250 ml, un cola régulier contient environ 24 mg de caféine et un café filtre, environ 170 mg.

La caféine est un stimulant utilisé régulièrement par certains sportifs. Il a été montré que sa consommation peut altérer la perception d'effort du sportif et, ainsi, retarder ou diminuer les signaux de fatigue commandés par le cerveau. De plus, lors d'un effort de longue durée d'intensité modérée, la caféine favoriserait l'épargne du glycogène. Le glycogène est constitué de nombreuses unités de glucose (sucre) qui sont stockées dans les muscles et le foie. Il est un carburant énergétique important pendant l'exercice. L'épargne du glycogène suivant la consommation de caféine est assurée par une utilisation plus importante de lipides (gras) pour produire de l'énergie au cours de l'exercice. En préservant la quantité de glycogène disponible, la caféine améliorerait donc la performance sportive. La caféine devrait être consommée 30 à 90 minutes avant l'effort (=3 mg/kg de poids corporel) pour que le sportif puisse en profiter dès le début de l'exercice. Lorsque l'effort se prolonge, il est également recommandé d'en consommer au cours de celui-ci (=1 mg/kg/h).

Toutefois, il est important d'éviter une consommation excessive de caféine. L'augmentation d'adrénaline causée par la caféine peut provoquer une diminution des réserves de glycogène dans le foie, s'opposant ainsi à la préservation de ce carburant. Comme la caféine permet d'augmenter la vigilance, elle pourrait aussi être bénéfique au cours d'activités sportives à composante cérébrale ou dans certaines conditions de veille prolongée. La caféine ne présente cependant pas d'avantages pour les autres types d'activités sportives. En outre, la prise de caféine comporte d'autres risques, comme la perte de sels minéraux, le mal de tête, l'irritabilité, les troubles du rythme cardiaque et les troubles gastro-intestinaux. D'ailleurs, certaines personnes ressentent des effets indésirables à partir d'une consommation de 100 à 160 mg de caféine, soit l'équivalent d'environ une à deux boissons énergisantes. Les différents risques sont accrus si la consommation de caféine dépasse la recommandation de 6 mg par kg de poids corporel. Depuis 2004, la caféine n'est plus considérée comme un produit dopant illégal par le Comité international olympique.

Plus de cinq milliards de cannettes de Red Bull® sont consommées chaque année.

Contrairement à la pensée populaire, la caféine ne favorise pas la production d'urine. En fait, plusieurs études ont démontré que la consommation de boissons contenant de la caféine (de 45 à 550 mg par jour) entraîne la même production d'urine que la consommation de boissons sans caféine. Ces résultats suggèrent que le risque de déshydratation au cours de l'exercice n'est pas plus élevé avec ou sans la consommation de caféine lorsque cette dernière n'est pas prise à forte dose (plus de 575 mg/jour).

Le fondateur de Red Bull® («taureau rouge»), Dietrich Mateschitz, est la personnalité la plus populaire en Autriche après le champion de ski Hermann Maier.

La taurine

La taurine est un acide aminé (constituant élémentaire des protéines) présent dans l'alimentation et fabriqué par le foie. La taurine joue un rôle important de protection cellulaire en raison de ses propriétés antioxydantes vis-à-vis des radicaux libres, liés au vieillissement. Toutefois, l'apport alimentaire en taurine dans le cadre d'une alimentation diversifiée et équilibrée, jumelé à sa fabrication par le corps, suffit à couvrir les besoins de l'organisme au cours d'un exercice, intense ou non. La taurine ne semble avoir aucun effet bénéfique sur la performance du sportif.

Le glucuronolactone

Le glucuronolactone est produit naturellement dans le foie à partir du glucose. Il est aussi ajouté dans certaines boissons énergisantes. Selon les fabricants, cet ingrédient stimulerait les facultés intellectuelles et améliorerait la concentration et la mémoire. Ces prétendus effets positifs sur les performances physiques et psychiques des sportifs n'ont pas été démontrés scientifiquement.

Vitamines du groupe B

Les quantités importantes de vitamines du groupe B contenues dans les boissons énergisantes ne semblent pas représenter un élément pouvant améliorer la performance.

LA RÉALITÉ EN BREF

Les boissons énergisantes diluées avec de l'eau peuvent présenter des avantages pour la performance sportive d'endurance aérobie, grâce à leur teneur en glucides et en caféine. Toutefois, la caféine peut aussi provoquer des effets secondaires qui limitent la performance sportive. Contrairement aux boissons sportives commerciales (p. ex., Gatorade®), les boissons énergisantes ne contiennent pas d'électrolytes qui sont favorables à la réhydratation, à la prévention d'une perte trop importante de sodium sanguin (hyponatrémie) et à l'absorption des glucides. Mais comme celui des boissons sportives, le contenu en calories ou en sucres des boissons énergisantes peut être incompatible avec un objectif de perte de poids. Vu leur teneur en caféine, il est important de noter qu'une consommation importante de boissons énergisantes peut nuire à la santé.

Vous avez aimé ce sujet ? Lisez :

- La boisson sportive : idéale pour l'entraînement (p. 155)
- Boire trop d'eau durant l'exercice : impossible ! (p. 164)
- Aïe ! J'ai couru si longtemps que j'ai frappé le mur (p. 169)

MYTHE ? BOIRE TROP D'EAU DURANT L'EXERCICE : IMPOSSIBLE !

Il est bien connu que boire de l'eau pendant l'exercice prévient la déshydratation. Toutefois, une consommation abusive d'eau peut causer un problème appelé « hyponatrémie ». Elle se produit généralement lors d'un effort prolongé (plus de quatre heures). L'hyponatrémie se caractérise par une trop faible concentration en sodium dans le sang. Lorsque cette concentration devient trop basse (moins de 136 mmol/l), on parle d'hyponatrémie.

Causes et symptômes de l'hyponatrémie

L'hyponatrémie découle d'une hyperhydratation des cellules. Cette hyperhydratation provoque un dangereux gonflement des cellules, pouvant mener à des troubles graves de santé. L'hyponatrémie peut provoquer des symptômes comme la confusion, le mal de tête, les vomissements, la fatigue physique, le dégoût de l'eau et même le coma. De plus, s'il survient une accumulation de liquide au cerveau causant une hypertension intracrânienne, elle peut même mener au décès. Dans plus de 60 à 70 % des cas, les sportifs victimes d'hyponatrémie ne présentent aucun symptôme à court terme. Sur 330 compétiteurs ayant participé à la compétition Ironman (3,8 km de natation, 180 km de vélo et 42,2 km de course à pied) de Nouvelle-Zélande en 1997, 11 personnes souffraient d'une hyponatrémie grave et quatre d'entre elles étaient asymptomatiques à la fin de l'épreuve.

Au marathon de Londres de 2003, une étude a permis de constater qu'au moins 11 participants étaient en hyponatrémie à la fin de l'épreuve. Certains ont fini la course sans présenter les symptômes de troubles mentaux, mais se sont présentés à l'hôpital environ 4 heures après la fin de la course et affirmaient ne pas avoir de souvenirs de la fin de l'épreuve.

Hyponatrémie et exercice

La cause la plus courante d'hyponatrémie est l'absorption d'une trop grande quantité de liquide. Les risques sont plus importants lorsque le liquide ne contient pas de sels minéraux (liquide hypotonique); c'est le cas de l'eau courante et de l'eau embouteillée. Dans des conditions normales, on peut boire jusqu'à 9,5 litres d'eau par jour sans surcharger les reins et sans trop nuire à la concentration en sodium dans le sang. Sans exercice, il est très rare que la consommation d'eau soit aussi élevée.

L'hyponatrémie est plus courante durant l'exercice prolongé. Deux mécanismes pourraient en être à l'origine. Le premier est l'hyponatrémie de dilution qui se manifeste lorsque les sportifs ont ingéré plus de liquide qu'il n'est nécessaire. Lorsque cette ingestion excède les pertes en transpiration et en urine, les risques augmentent. L'hyponatrémie est même possible malgré l'ingestion de boissons avec électrolytes si cette ingestion dépasse de façon trop importante les pertes en transpiration et en urine. Le second mécanisme est une hyponatrémie par perte importante de sodium par la sueur combinée à une consommation de liquide hypotonique.

Facteurs accentuant les risques

Certains facteurs comme la durée de l'effort, le climat et le sexe augmentent les risques d'ingestion trop importante de liquide et, par conséquent, les risques d'hyponatrémie chez le sportif. L'addition de ces facteurs augmente encore davantage les risques.

La durée de l'effort aérobie est un facteur à considérer dans les risques d'hyponatrémie. En effet, lors d'épreuves de très longue durée, comme les triathlons Ironman ou les ultramarathons de 100 km, les sportifs auront tendance à boire une très grande quantité d'eau par crainte, parfois justifiée, de déshydratation. Des épreuves plus courtes comme les marathons présentent aussi des risques pour les coureurs, en particulier ceux qui complètent l'épreuve en 4 à 5 heures.

Les épreuves de très longue durée du type Ironman, auparavant réservées à l'élite sportive, sont devenues très populaires. Malheureusement, il manque à plusieurs participants la préparation, l'expérience et les connaissances nécessaires pour relever le défi sans mettre leur santé en danger.

Un autre facteur augmentant les risques d'hyponatrémie est le climat. Plus les conditions climatiques sont contraignantes (environnement chaud et humide), plus les risques sont élevés. Ces conditions entraînent une consommation plus importante de liquide. De plus, elles imposent au corps une plus grande production et une plus grande évaporation de la sueur pour réguler la température corporelle. Cette transpiration excessive peut augmenter les risques d'hyponatrémie, principalement chez les individus ayant une concentration élevée de sodium dans la sueur. D'ailleurs, le triathlon Ironman d'Hawaï a un pourcentage de cas d'hyponatrémie plus élevé que d'autres épreuves du même genre, qui se déroulent dans des lieux où les conditions climatiques sont moins contraignantes.

Un dernier facteur à considérer est le sexe. Les femmes seraient plus sujettes à l'hyponatrémie compte tenu de leur durée de course plus importante pour une même épreuve et de leur masse corporelle plus petite. De plus, leur comportement exemplaire face aux recommandations d'hydratation peut les mener à l'hyponatrémie. Ces recommandations ne sont pas toujours personnalisées, et les quantités de liquide recommandées peuvent être trop élevées pour une femme de petite stature.

Boire sans soif?

Depuis plus de 20 ans, on suggère aux sportifs d'endurance de ne pas attendre d'avoir soif pour boire, car à ce moment il est déjà trop tard puisque la déshydratation a déjà débuté. Pourtant, Éric Goulet de l'Université de Sherbrooke affirme le contraire. En fait dans un article publié dans le réputé *British Journal of Sports Medicine,* il explique que la performance en endurance aérobie est maximisée lorsque l'athlète boit selon les signaux de soif qu'il perçoit. De plus, si le sportif boit seulement quand il a soif, les risques d'ingestion trop importante de liquide, donc d'hyponatrémie, sont réduits.

Estimation de la quantité de liquide à consommer au cours d'une épreuve de longue durée[3]

1. Assurez-vous d'être adéquatement hydraté avant l'entraînement. Votre urine devrait être jaune pâle.
2. Faites un échauffement menant à la sudation, puis arrêtez. Urinez si nécessaire.
3. Pesez-vous nu sur un pèse-personne d'une précision de 0,1 kg.
4. Exercez-vous pendant une heure à une intensité comparable à celle recherchée en compétition. Idéalement, la température et l'humidité devraient être similaires à celles de la compétition.
5. Buvez une quantité mesurée de liquide comparable à celle prise en compétition.
6. N'urinez pas tant que votre poids corporel n'a pas été mesuré après l'exercice.
7. Pesez-vous nu (après l'exercice) sur le pèse-personne que vous avez utilisé à l'étape 3.

Calculs de l'apport hydrique recommandé

a. Inscrivez votre poids corporel de l'étape 3 (1 kg = 2,2 lb) : ___________ kg
b. Inscrivez votre poids corporel de l'étape 7 (1 kg = 2,2 lb) : ___________ kg
c. Soustrayez b de a (a - b) : ___________ kg
d. Convertissez le résultat (c) en grammes en le multipliant par 1000 : ___________ g
e. Inscrivez la quantité en ml de liquide bu durant l'exercice : ___________ ml
f. Additionnez d à e (d + e) : ___________ ml

Afin de demeurer bien hydraté durant l'épreuve (en supposant une même intensité et de mêmes conditions climatiques), vous devez consommer, pour chaque heure, une quantité de liquide légèrement inférieure à celle estimée à l'étape f.

Afin de minimiser les risques d'hyponatrémie, assurez-vous que la boisson consommée contient de 0,5 à 0,7 g de sodium (sel) par litre de liquide.

3. Adapté de : Casa, D. P. *Proper hydration for distance running - Identifying individual fluid needs,* A USA Track & Field Advisory, 2004, 10 p.

LA RÉALITÉ EN BREF

L'hyponatrémie peut survenir au cours d'efforts aérobies de longue à très longue durée. Elle doit être prise au sérieux étant donné les risques qu'elle comporte pour la santé. Avant l'épreuve, on recommande au sportif d'effectuer une estimation de ses pertes prévisibles en eau (voir à la page précédente), en tenant compte des caractéristiques de l'épreuve (type d'exercice, durée, intensité) et des conditions climatiques prévues (température et humidité de l'air). Pendant l'épreuve, il est important d'éviter l'ingestion d'une quantité trop importante de liquide : généralement de 0,5 à 1 litre par heure au maximum. Être à l'écoute des signaux de la soif peut aussi diminuer les risques d'ingérer une trop grande quantité de liquide. Pour minimiser les risques d'hyponatrémie, la boisson devrait avoir une concentration en sodium d'environ 0,5 à 0,7 g par litre de liquide. Les boissons sportives commerciales du type Gatorade® contiennent du sodium dans une concentration se rapprochant des recommandations.

Vous avez aimé ce sujet ? Lisez :

- Courir un marathon : à vos risques et périls ! (p. 43)
- La boisson sportive : idéale pour l'entraînement (p. 155)
- La boisson énergisante : encore mieux ! (p. 159)
- Aïe ! J'ai couru si longtemps que j'ai frappé le mur (p. 169)

MYTHE ? AÏE ! J'AI COURU SI LONGTEMPS QUE J'AI FRAPPÉ LE MUR

Différentes sensations sont ressenties lors d'un effort aérobie. Lorsque celui-ci se prolonge, il n'est pas rare que les sportifs emploient l'expression « frapper le mur » pour décrire une de ces sensations. Cette expression désigne une très grande fatigue ressentie subitement qui est associée à une nette diminution de l'intensité d'effort. Le « mur » est-il une réalité ou un mythe ? Tentons d'expliquer cette expression utilisée dans la pratique sportive.

Quand est-il courant de « frapper le mur » ?

Cette fatigue est le plus souvent ressentie par les marathoniens dans la dernière portion de l'épreuve (après le 30e km). Elle a la particularité d'occasionner une panne d'énergie subite. La sensation « d'avoir les jambes coupées » est souvent associée à l'expression « frapper le mur ». Cette sensation peut être éprouvée dans d'autres activités sportives aérobies de longue durée comme le vélo, le ski de fond ou la natation longue distance.

D'où vient cette grande fatigue ?

Différentes sources de fatigue durant l'effort peuvent expliquer la diminution de la performance en aérobie de longue durée. Toutefois, l'hypothèse qu'on retiendra est celle de l'épuisement des réserves en glycogène.

En plus d'une sensation reliée au « mur », le coup de chaleur peut aussi survenir au cours d'un effort aérobie de longue durée. Le coup de chaleur qu'on ressent dans un environnement chaud et humide impose l'arrêt de l'exercice, le refroidissement corporel et la réhydratation. Gardons-nous toutefois de confondre ce malaise avec le « mur ».

Qu'est-ce que le glycogène?

Le glycogène est un glucide complexe qui est constitué d'une chaîne de glucose. Le glucose composant le glycogène est utilisé comme source d'énergie. Le glycogène peut être stocké dans le foie (glycogène hépatique) ou dans la cellule musculaire (glycogène musculaire). Lors de l'exercice physique, le corps utilise le glycogène comme carburant énergétique. Afin de maintenir une intensité d'effort élevée, le corps doit utiliser beaucoup de glycogène comme source énergétique. Pendant un exercice de longue durée comme un marathon, il n'est pas rare qu'une diminution importante des réserves de glycogène limite fortement la capacité du corps à maintenir une haute intensité.

Mais le glycogène n'est pas l'unique source d'énergie utilisée par le corps. Ce dernier a à sa disposition une quantité quasi inépuisable de lipides ou, plus simplement, de gras. Malheureusement, une mobilisation importante de lipides associée à une mobilisation faible de glucides ne permet pas d'atteindre ou de maintenir des intensités élevées lors de performances sportives.

Comment prévenir un choc brutal avec le mur?

Afin de prévenir une diminution marquée des réserves de glycogène, il faut s'assurer de maximiser la quantité de glucides disponibles avant l'effort et tenter de les préserver pendant celui-ci.

Maximiser les réserves de glycogène

Pour maximiser les réserves de glycogène, il est possible d'augmenter de façon marquée sa consommation de glucides avant l'effort (surcharge glucidique). Différentes approches nutritionnelles favorisent un stockage de glycogène supérieur à la normale. Tout d'abord, les années 1960 ont vu apparaître le régime dissocié scandinave. Ce régime de sept jours exigeait, dans les premiers jours, des entraînements cardiovasculaires et une privation glucidique pour épuiser les réserves de glycogène. On ne mettait en œuvre une surcharge glucidique que durant les trois derniers jours, grâce à l'alimentation. Quelques décennies plus tard, plusieurs études ont démontré que le processus de surcharge glucidique pouvait être raccourci et simplifié. Un apport de glucides dans l'alimentation, un à trois jours avant la compétition, est désormais jugé suffisant afin de maximiser les réserves de glycogène disponibles pour le sportif. Par exemple, le marathonien pourra ingérer, deux jours avant sa compétition, des quantités plus importantes d'aliments glucidiques comme du pain, des pâtes alimentaires, du riz ou des pommes de terre. De plus, les méthodes simplifiées de surcharge glucidique ne nécessitent pas une séance d'exercice préalable visant à épuiser les réserves de glycogène.

Préserver les réserves de glycogène

Pour préserver les glucides lors d'un effort de longue durée, il est recommandé d'en consommer 30 à 90 grammes avant l'exercice et la même quantité par heure au cours de l'exercice, sous forme de liquide, de gel ou de solide. Notons que la prise de glucides 30 à 60 minutes avant l'effort peut causer chez certains sportifs une hausse du taux de sucre sanguin suivie rapidement d'une baisse importante. Afin d'éviter cette situation, il est possible de consommer les glucides 5 à 10 minutes avant l'exercice. La prise de caféine (2 à 6 mg/kg) peut favoriser la préservation des réserves de glycogène par stimulation du processus de dégradation des gras.

Le contrôle de l'intensité de l'effort permet aussi de préserver les réserves de glycogène. Une intensité de départ plutôt basse permettra d'utiliser préférentiellement les lipides, et d'économiser le glycogène. Par exemple, lors d'un marathon, on pourra courir les cinq premiers kilomètres à une vitesse inférieure à la vitesse moyenne. Tout au long de l'effort, il sera important de maintenir une intensité constante: les fortes accélérations qui demandent une quantité plus importante de glycogène seront à éviter.

En outre, le vécu d'entraînement aérobie favorisera une utilisation plus marquée des lipides pour une même intensité d'effort, ce qui aura pour effet de préserver les réserves de glycogène.

Sian Welch et Wendy Ingraham se sont battues pour la 4e position en rampant jusqu'à la ligne d'arrivée au Championnat du monde d'Ironman (triathlon) de 1997 à Hawaï. Cette démonstration douloureuse du «mur» peut être vue sur YouTube à l'adresse suivante: *youtube.com/watch?v=MTn1v5TGK_w.*

LA RÉALITÉ EN BREF

« Frapper le mur » est une réalité qui peut être pénible pour ceux qui le subissent. Une bonne préparation à la performance peut diminuer les risques de l'expérimenter. La recette : surcharge glucidique avant l'effort, prise de glucides pendant l'effort, contrôle de l'intensité de l'effort et entraînement.

Vous avez aimé ce sujet ? Lisez :

- Courir un marathon : à vos risques et péril ! (p. 43)
- Boire trop d'eau durant l'exercice : impossible ! (p. 164)
- J'ai enfin trouvé mon deuxième souffle (p. 47)

MYTHE ? L'ENTRAÎNEMENT EN ALTITUDE : ESSAIE LE MONT ROYAL !

Depuis les Jeux olympiques de 1968 à Mexico (altitude : 2300 m), l'homme s'intéresse aux effets de l'altitude sur la performance sportive. La rareté de l'oxygène en altitude est bien connue. Toutefois, cette dernière n'est pas due à une concentration plus faible d'oxygène dans l'air. Que vous soyez sous le niveau de la mer à La Nouvelle-Orléans (de -2 à -6 m) ou sur le toit du monde au sommet du mont Everest (8848 m), la concentration des gaz inspirés demeure la même, soit 21 % d'oxygène, 78 % d'azote et 1 % de gaz rares et de gaz carbonique.

Cause de la rareté de l'oxygène en altitude

Plus l'altitude est élevée, plus la chute de pression atmosphérique se fait sentir. La pression atmosphérique - ou pression de l'air - influence directement la pression de l'oxygène dans l'air (PO_2 = 0,209 x pression atmosphérique). La pression de l'oxygène - ou densité de l'oxygène dans l'air - diminue avec l'altitude. Au sommet du mont Everest, l'organisme n'a donc accès qu'à 30 % de l'oxygène disponible au niveau de la mer. D'ailleurs, le VO_2max des grimpeurs les plus aguerris n'atteint pas plus de 10 à 20 ml/kg/min au sommet de l'Everest, soit des valeurs comparables à celles d'une personne âgée de 80 à 90 ans.

Bob Beamon a pulvérisé le record du saut en longueur aux Jeux olympiques de 1968 à Mexico. Plusieurs ont attribué cette performance à l'altitude élevée, qui se traduit par une densité plus faible de l'air.

Pourquoi s'entraîner en altitude s'il y a moins d'oxygène ?

Exposer le corps au manque d'oxygène (hypoxie) entraîne une multitude d'adaptations à court et à long termes. Celle qui nous intéresse le plus est l'augmentation du nombre de globules rouges. Les globules rouges assurent le transport de l'oxygène. L'équation est simple : plus il y a de globules rouges disponibles dans le sang, plus la quantité d'oxygène disponible pour l'exercice aérobie est élevée. La théorie suggère qu'un séjour en altitude d'au moins quelques semaines peut favoriser l'augmentation du nombre de globules rouges dans le sang. L'amélioration de la performance aérobie persisterait quelques semaines après le retour au niveau de la mer.

Le mythique mont Royal !

Pour obtenir une adaptation sanguine, on suggère de se trouver à au moins 1500 m. Or, le sommet du mont Royal culmine à 234 m au cœur de Montréal, une hauteur qui est en deçà de celle de la tour Eiffel !

L'entraînement en altitude améliore-t-il vraiment la performance ?

En milieu naturel, l'entraînement traditionnel en altitude se fait à une altitude modérée (de 1500 à 3000 m). Dans ce cas, l'athlète vit et s'entraîne en altitude. Dans ces conditions, les chances d'adaptation du corps sous forme d'augmentation du nombre de globules rouges sont meilleures. Toutefois, les études demeurent partagées quant à l'efficacité de cette adaptation sur la performance aérobie de retour au niveau de la mer. Plusieurs questions demeurent pour le moment sans réponses : Quelle est l'altitude idéale ? Quelle est la durée idéale d'exposition à l'altitude ? Quelle est l'intensité idéale d'entraînement ? Quelles sont les fréquences et durées idéales d'entraînement ? Et bien d'autres…

> **L'équipe canadienne de ski de fond** s'entraîne en altitude, dans les montagnes de l'Ouest canadien (1 500 à 2 500 m).

Pourquoi cette méthode n'est-elle pas si efficace ?

Plusieurs facteurs pourraient expliquer pourquoi les adaptations sanguines causées par l'altitude ne suffisent pas à provoquer une amélioration de la performance aérobie une fois de retour au niveau de la mer. Le plus important d'entre eux est la diminution de la capacité d'entraînement causée par le manque d'oxygène. En outre, l'altitude altère le sommeil, ce qui pourrait influencer la qualité de récupération. Par ailleurs, une diminution possible de l'appétit pourrait causer une diminution de la masse musculaire. Une détérioration de l'adaptation à la chaleur peut aussi influencer l'endurance aérobie de longue durée. Enfin, des différences individuelles font en sorte que certains ne profitent simplement pas de l'entraînement en altitude.

Le dopage sanguin (EPO, transfusion sanguine) provoque les effets recherchés de l'entraînement en altitude sans ses effets négatifs. En ce sens, l'entraînement en altitude (milieu naturel ou artificiel) devient un alibi parfait pour les athlètes ayant recours au dopage sanguin. La cycliste québécoise Geneviève Jeanson utilisa cet alibi à maintes reprises pour justifier son taux élevé de globules rouges, avant de passer aux aveux quelques années plus tard.

Que faire pour pallier ces effets négatifs ?

De façon artificielle, il est possible de créer un manque d'oxygène imitant celui qu'on éprouve en altitude. L'utilisation de tentes ou de chambres simulant les conditions en altitude le permet. Pour pallier partiellement les effets négatifs de l'entraînement traditionnel en altitude, le modèle « vivre haut, s'entraîner bas » est apparu. Le principe est simple : l'athlète vit un certain temps dans une tente ou une chambre qui simule l'altitude, mais s'entraîne dans des conditions normales. Une série de méthodes d'entraînement ont été testées avec différents modèles. Encore une fois, les résultats demeurent mitigés. De plus, l'utilisation de cette technologie pose un problème éthique pour certains, en raison de sa nature artificielle.

LA RÉALITÉ EN BREF

Les modèles d'entraînement qui utilisent le manque d'oxygène de façon naturelle (altitude) ou artificielle (tente ou chambre simulant l'altitude) n'ont pas donné la preuve irréfutable de leurs effets positifs sur la performance aérobie. Une chose est certaine : le mont Royal, on oublie ça !

MYTHE ? MES MUSCLES SONT PLEINS D'ACIDE LACTIQUE : ÇA FAIT MAL !

L'acide lactique est souvent associé à une série de croyances simplistes et injustifiées. Que ce soit les commentateurs sportifs, les athlètes ou même les entraîneurs, presque tout le monde a un préjugé défavorable à l'endroit de l'acide lactique.

Qu'est-ce que l'acide lactique ?

L'acide lactique est produit par l'entremise du système anaérobie lactique. Ce dernier permet au corps humain de produire de l'énergie rapidement grâce à la dégradation des sucres sans l'utilisation d'oxygène. Dès sa formation dans la cellule musculaire, l'acide lactique se dissocie en une molécule de lactate et un proton hydrogène (H^+). Ainsi, si une accusation doit être portée, c'est contre le lactate ou le proton hydrogène, car l'acide lactique ne s'accumule pas dans le muscle.

Le lactate : présent tout le temps !

Au repos comme au cours d'un exercice de faible intensité, le lactate est produit en faible quantité par le corps. Par contre, au cours d'un exercice sollicitant de façon importante le système anaérobie lactique, c'est-à-dire un exercice d'intensité élevée et de courte durée d'environ 20 secondes à 2 minutes (p. ex., 200 m style libre en natation), l'accumulation de lactate dans le sang peut être jusqu'à 25 fois plus élevée qu'au repos chez les athlètes de haut niveau.

Première accusation : le lactate est un déchet musculaire

Le mot « déchet » signifie débris ou reste sans valeur. En entraînement, le lactate est souvent perçu comme un déchet que l'on doit éliminer le plus rapidement possible. Pourtant, il constitue une source d'énergie, c'est-à-dire que le corps peut l'utiliser comme carburant pour produire de l'énergie. Au repos, son utilisation représente de 3 à 5 % de l'énergie fournie, et ce taux peut atteindre jusqu'à 10 % pendant l'exercice. À la suite d'une accumulation importante de lactate, les trois quarts seront principalement utilisés par les fibres musculaires ou par le cœur au repos pour produire de l'énergie; le quart restant sera transformé en glucose par le foie pour produire par la suite de l'énergie. Finalement, une quantité négligeable sera éliminée par la transpiration. Le lactate n'est donc pas un déchet musculaire qu'on doit éliminer: dans les faits, il est utilisé.

On peut illustrer la production et la réutilisation du lactate à l'aide d'un entonnoir. Lorsqu'on verse un liquide à un faible débit dans un entonnoir, il s'écoule par le trou sans accumulation importante. Cette image représente une réutilisation de lactate équivalant à sa production, comme durant un exercice à faible intensité telle que la marche. Cependant, si on verse le liquide à un débit élevé, il se produira une accumulation de plus en plus importante de liquide dans l'entonnoir. Dans ce cas, la production de lactate surpasse sa réutilisation, comme au cours d'un exercice à très haute intensité telle qu'une présence sur la glace au hockey professionnel.

Deuxième accusation: le lactate cause la fatigue musculaire

La fatigue et les sensations douloureuses ou de brûlure ressenties lors d'efforts intenses de courte durée (de 20 secondes à 2 minutes) sont souvent attribuées à un taux élevé de lactate. Il est vrai qu'une sollicitation importante du système anaérobie lactique provoque une production et une accumulation importantes de lactate sanguin et de protons hydrogène. L'accumulation de lactate ne semble cependant avoir aucun lien direct avec la fatigue; en fait, le lactate est considéré comme le témoin innocent d'une forte production d'énergie par le système anaérobie lactique. D'ailleurs, les athlètes qui accomplissent les meilleures performances lors d'épreuves sollicitant le système anaérobie lactique sont ceux dont la capacité de production de lactate sanguin est la plus élevée.

L'accumulation de protons hydrogène qui peut se produire en situation anaérobie lactique provoque une augmentation d'acidité dans le muscle. Cette augmentation est reconnue par plusieurs comme une des causes de la fatigue musculaire en situation anaérobie lactique. À la suite d'un exercice intense, le niveau d'acidité qui a augmenté met environ 10 minutes à revenir à une valeur de repos. Toutefois, 2 à 3 minutes de repos suffisent au muscle pour retrouver presque complètement sa capacité de performance après un exercice intense ayant provoqué son épuisement. Cette différence de durée minimise l'importance à accorder à la hausse du niveau d'acidité comme cause de fatigue dans une performance d'intensité élevée d'une durée de 20 secondes à 2 minutes.

Il est simpliste d'affirmer que l'augmentation du lactate sanguin ou des protons d'hydrogène et l'apparition de la fatigue lors d'un effort de courte durée à haute intensité ont une relation de cause à effet. Les causes de la fatigue musculaire impliquent l'interaction complexe de nombreux facteurs qui restent encore à définir.

Troisième accusation : le lactate provoque des crampes musculaires

Une crampe musculaire est une contraction douloureuse, involontaire et temporaire d'un ou plusieurs muscles. Comme on l'a vu précédemment, les athlètes de haut niveau qui sollicitent de façon importante le système anaérobie lactique, comme lors d'un 400 m ou d'un 800 m en athlétisme, accumulent le plus haut taux de lactate sanguin, soit 25 fois plus élevé qu'au repos. Si cette accusation était vraie, ces athlètes souffriraient de crampes musculaires régulièrement ou, du moins, plus souvent que d'autres athlètes n'ayant pas un taux de lactate sanguin si élevé. Or, les athlètes de fond comme les marathoniens n'accumulent pas beaucoup de lactate en compétition et sont pourtant plus sujets à ces crampes. De plus, pendant le sommeil, il est possible de souffrir de crampes musculaires alors que le niveau de lactate est au plus bas. Les mécanismes à l'origine des crampes musculaires ne sont pas encore parfaitement définis. Certaines hypothèses comme la fatigue musculaire, la déshydratation et une carence en sels minéraux sont probables. Toutefois, il est clair que la présence de lactate n'en est pas une cause reconnue.

Quatrième accusation : le lactate cause les courbatures musculaires

La courbature est une douleur musculaire ressentie de 12 à 24 heures après l'effort physique. Le lactate accumulé lors d'efforts intenses est recyclé ou utilisé en 20 à 30 minutes lors d'un exercice aérobie de faible intensité, et en 90 à 120 minutes lors d'une récupération passive. Après ce délai, le taux de lactate revient à un niveau très bas correspondant à sa valeur de repos. Que pourrait être le lien entre la production d'acide lactique et les courbatures qui ne sont ressenties, en général, que le lendemain de l'effort physique et qui peuvent perdurer au-delà de trois jours ?

L'Américain Michael Johnson détient le record du monde du 400 m en athlétisme. Avec un temps de 43,18 s et une vitesse de pointe de 36,2 km/h, la « locomotive de Waco » est, sans aucun doute, un grand producteur de lactate. À titre comparatif, le guépard, qui peut courir à 100 km/h, est aussi un très grand producteur de lactate.

LA RÉALITÉ EN BREF

L'acide lactique, le lactate ou le proton hydrogène ne sont pas coupables des multiples accusations qu'on leur porte. Les justifications simples arrangent les commentateurs sportifs, les entraîneurs et les sportifs eux-mêmes, mais elles ne sont pas nécessairement vraies !

MYTHE ? | PAS CE SOIR, GÉRARD. J'AI UNE COMPÉTITION DEMAIN !

De nombreux athlètes et entraîneurs croient qu'avoir une relation sexuelle juste avant une performance sportive peut avoir des effets néfastes. Cette croyance a été entretenue pendant plusieurs années par différentes personnalités sportives. Le célèbre boxeur Mohamed Ali prônait l'abstinence sexuelle pendant les six semaines précédant un combat. Marv Levy, ancien entraîneur des Alouettes de Montréal (1973-1977) et des Bills de Buffalo (1986-1997), insistait pour que ses joueurs soient séparés de leurs conjointes avant leur participation au Super Bowl. Malheureusement pour l'entraîneur, pour les joueurs et pour leurs femmes, cette stratégie fut inefficace, car les Bills perdirent à quatre reprises le match de championnat de la NFL. L'ex-sprinter britannique Linford Christie mentionnait qu'une relation sexuelle la nuit précédant une compétition lui donnait l'impression que ses jambes étaient en plomb.

> **Le personnage cinématographique Rocky** a reçu des consignes claires de son entraîneur Mickey : « Les femmes, ça affaiblit les jambes ! »

Pourtant, d'autres athlètes ont mentionné que les relations sexuelles avaient un effet bénéfique sur leur performance sportive. Les médaillés d'or canadien et américain Kerrin Lee-Gardner (Albertville, 1992) et David Wottle (Munich, 1972) attribuent partiellement leur victoire à leurs ébats précédant la compétition ! Des vedettes brésiliennes de soccer abondent dans le même sens. Romário affirmait que « les bons attaquants marquent davantage de buts lorsqu'ils ont fait l'amour la veille d'un match », alors que Ronaldo mentionnait que « faire l'amour quelques heures avant un match, c'est la clé du succès, ça relaxe et redonne de l'énergie ». Il se contredira toutefois lors d'une Coupe du monde en déclarant que la victoire valait bien trois semaines d'abstinence. Malheureusement, le golfeur Tiger Woods n'a jamais émis son opinion sur les effets des relations sexuelles précédant la performance sportive !

Quels sont donc réellement les effets d'une relation sexuelle ou d'une abstinence courte ou prolongée sur la performance sportive ?

Agressivité

La croyance veut que l'abstinence sexuelle (y compris celle de la masturbation) mène à une augmentation de l'agressivité chez le sportif, parce que l'éjaculation expulserait hors du corps la testostérone qui en est responsable. Selon cette hypothèse, l'abstinence serait utile dans certains sports nécessitant un niveau d'agressivité élevé, comme les sports de combat, le football américain ou le hockey sur glace. D'ailleurs, Mohamed Ali disait : « Quand tu n'as pas de sexe pour une certaine période, tu deviens méchant et furieux, ce qui fait de toi un grand combattant. »

La testostérone et la prolactine sont deux hormones pouvant avoir des effets avant, pendant ou après les relations sexuelles. La testostérone a un effet sur la libido et sur le niveau d'énergie ressenti. La prolactine, quant à elle, participe à la sensation de plaisir et de bien-être après un orgasme. La science a prouvé qu'à la suite d'une abstinence sexuelle d'environ sept jours, le taux de testostérone augmente chez l'homme. Toutefois, une abstinence prolongée de quelques mois entraîne une diminution des taux hormonaux de testostérone et de prolactine qui peut mener à la fatigue et à la dépression. Chez la femme comme chez l'homme, le taux de l'hormone prolactine augmente pendant les quelques heures suivant l'orgasme, ce qui pourrait réduire l'ambition et l'agressivité. L'orgasme aurait aussi, à court terme, un effet relaxant diminuant l'anxiété. D'ailleurs, le plaisir est considéré comme un état pouvant diminuer le stress de façon naturelle.

> **Marty Liquori,** ancien coureur de 5 000 m, affirmait : « Le sexe rend heureux et les gens heureux ne courent pas un mile en 3 min 47 s. »

Niveau d'activation

L'activation, qui correspond au niveau d'excitation et d'éveil physique ou mental, peut en effet être influencée par l'agressivité ou par l'état de relaxation. En psychologie sportive, on suggère qu'un état idéal d'activation soit atteint avant et pendant une compétition pour ne pas limiter la performance. Ce niveau idéal d'activation varie selon les personnes et les tâches sportives à accomplir. On peut facilement comprendre que lorsque le biathlète tire à la carabine sur une cible, il a besoin d'un niveau d'activation plus bas que le judoka qui tente de renverser son adversaire. Si certains athlètes sont trop anxieux la veille d'une compétition, le rapport sexuel pourrait donc diminuer le stress lié à l'épreuve sportive, favoriser une bonne nuit de sommeil et, peut-être, aider à atteindre un niveau d'activation idéal pour la performance. Malheureusement, aucune étude n'a jusqu'à ce jour mesuré les effets de l'abstinence ou des relations sexuelles sur la performance sportive sur les plans de l'activation, de l'agressivité ou de la relaxation.

En 2000, aux Jeux olympiques de Sydney, trois condoms par jour étaient fournis aux athlètes. En 2008, aux Jeux olympiques de Pékin, 100 000 condoms étaient à la disposition des athlètes. Un lot de 5 000 préservatifs restant, portant la devise du mouvement olympique : « Plus vite, plus haut, plus fort », a été vendu aux enchères.

Le sexe, une grande dépense énergétique ?

Un compendium d'activités physiques donne la mesure de dépense énergétique pour une liste d'activités physiques et de la vie quotidienne. L'acte sexuel entre deux partenaires occasionne une dépense énergétique moyenne d'environ 2 MET, soit une dépense calorique deux fois plus élevée qu'au repos. Cette dépense équivaut à environ 50 à 80 kcal pour une durée de 30 minutes. À titre comparatif, une séance d'entraînement cardiovasculaire d'intensité moyenne occasionne une dépense d'environ 400 kcal. Même pour ceux et celles qui ont des activités sexuelles plus longues et plus vigoureuses, la dépense énergétique demeure relativement faible. C'est pourquoi, en temps normal, la dépense énergétique occasionnée par l'acte sexuel ne devrait pas nuire à la performance sportive du lendemain. Évidemment, il faudrait éviter que les relations sexuelles n'entraînent une diminution du nombre d'heures de sommeil, nuisant ainsi à la récupération idéale.

Casey Stengel, gérant des Yankees de New York (1949-1960), a dit: « Ce n'est pas le sexe qui nuit à la performance de ces gars, c'est de rester éveillé toute la nuit à le chercher! »

Douleur et sexe

L'activité sexuelle aiderait à combattre la douleur chez la femme, ce qui pourrait peut-être influencer la performance sportive. À la suite d'une stimulation sexuelle, il se produit une forte diminution de la douleur pouvant durer jusqu'à une journée dans le cas de douleurs chroniques comme les douleurs musculaires; apparemment, le sexe bloquerait le relâchement d'un neuropeptide appelé substance P.

Sexe et performance physique

Quelques études ont évalué des attributs de la condition physique, comme le VO_2max, la force et l'endurance musculaires maximales, au lendemain d'une relation sexuelle. Leurs conclusions sont identiques: aucune modification n'a été constatée en raison d'une relation sexuelle ayant eu lieu la veille.

LA RÉALITÉ EN BREF

Pour l'instant, il est difficile de clore le sujet des effets de l'abstinence ou des relations sexuelles sur la performance sportive. La pratique sexuelle engendre des effets physiques et psychologiques qui varient grandement d'un individu à l'autre. En outre, les niveaux d'activation et d'agressivité idéaux pour une performance sportive varient selon la discipline. Enfin, une activité aussi intime qu'une relation sexuelle est difficile à étudier. Par conséquent, bien que certaines pistes aient déjà été explorées, cette question, généralement encore taboue, demeure toujours sans réponse claire et définitive.

MYTHES ET RÉALITÉS
SUR LES TECHNIQUES D'ENTRAÎNEMENT

Les méthodes et les techniques d'entraînement proposées aux sportifs sont innombrables, si bien qu'il devient difficile de s'y retrouver. Les étirements sont-ils recommandés pendant la période d'échauffement ? Doit-on contrôler la respiration pendant l'exercice ? À quoi sert le retour au calme actif après l'exercice ? Pour en apprendre sur la pertinence de ces différentes méthodes et techniques d'entraînement, lisez ce chapitre !

MYTHE ? IL FAUT BIEN RESPIRER QUAND ON FAIT DU « CARDIO »

Que ce soit dans le monde du conditionnement physique ou dans celui de la performance sportive, certains entraîneurs suggèrent d'adopter différentes techniques de respiration pendant l'exercice. L'utilisation d'une technique de respiration est-elle superflue ou peut-elle réellement favoriser la performance ?

Respirer, c'est la vie

Constituée de l'inspiration et de l'expiration, la ventilation communément appelée « respiration » est une fonction biologique essentielle à la vie. Elle permet un échange gazeux entre les vaisseaux sanguins et l'air atmosphérique en fournissant au sang l'oxygène dont le corps a besoin et en en expulsant le gaz carbonique (CO_2). Au repos, la fréquence respiratoire d'un adulte est d'environ 16 cycles par minute, mais elle peut atteindre plus d'une respiration par seconde pendant un exercice de haute intensité. Chaque jour, un adulte inspire plus de 20 000 fois environ 10 000 litres d'air (à raison d'environ 0,5 litre d'air par inspiration). La respiration est un phénomène automatique et inconscient, mais il est possible d'en modifier certains paramètres de façon volontaire.

Respiration et exercice

Les conseils de certains entraîneurs varient. En voici quelques exemples :

- Inspiration et expiration par le nez uniquement.
- Inspiration et expiration par la bouche uniquement.
- Inspiration par le nez, expiration par la bouche ou vice versa.
- Rétention ou non de la respiration.
- Respiration lente et profonde.

- Respiration rapide et superficielle.
- Respiration abdominale.
- Respiration thoracique.
- Respiration en suivant le rythme d'un mouvement.
- Ne pas y penser, la respiration c'est automatique.

Ouf ! Reprenons notre souffle et clarifions le sujet.

Respiration durant un exercice aérobie

Plus l'intensité d'un exercice aérobie augmente, plus la consommation d'oxygène des groupes musculaires en action devient importante. Ainsi, la fréquence respiratoire et la quantité d'air inspirée par respiration augmentent avec l'intensité de l'exercice pour combler les besoins de l'organisme en oxygène. Une inspiration qui s'effectue uniquement par le nez pendant un exercice aérobie d'intensité élevée occasionnerait une entrée d'air insuffisante qui limiterait la quantité d'oxygène disponible pour les muscles ; cette situation pourrait nuire à la performance. Comme la respiration est automatique, le sportif ressentirait rapidement la nécessité de respirer aussi par la bouche. Chez certains sportifs, la quantité d'air inspirée peut augmenter jusqu'à atteindre 200 litres par minute lors d'un exercice d'intensité maximale. À titre comparatif, la quantité d'air inspirée au repos n'est que de 6 à 10 litres par minute. En général, pendant l'exercice aérobie, la respiration se fera idéalement par le nez et la bouche, surtout si l'intensité est élevée.

Certains sports aérobies exigent l'utilisation d'une technique de respiration en fonction du rythme de mouvement, comparativement à d'autres sports où les compétiteurs peuvent respirer librement. La natation en est un bon exemple. La technique de respiration variera selon le style de nage et les individus. En effet, si l'on compare le style libre au papillon, à la brasse ou au dos, on constate que la bouche et le nez se trouvent dans l'eau à des moments différents. Un autre exemple est l'aviron. Dans ce sport, il est important de rythmer sa respiration avec la cadence de mouvement. L'une des méthodes suggère d'effectuer deux cycles respiratoires complets par coup de rame. Un des cycles respiratoires coïncide avec l'attaque de la rame et est marqué par un blocage de la respiration qui favorise une plus grande rigidité du tronc. Donc, dans certains sports comme la natation et l'aviron, il est important de synchroniser la respiration et le mouvement dans le but d'augmenter son efficacité.

La crampe abdominale – ou « point de côté » – qui survient pendant l'exercice aérobie peut être associée à plusieurs causes possibles : crampe du diaphragme ou des muscles intercostaux, surcharge sanguine au niveau du foie ou de la rate, fermentation des gaz dans le tube digestif ou encore irritation de l'enveloppe des poumons. Si le diaphragme (muscle respiratoire essentiel) est mis en cause, la crampe abdominale peut être soulagée par une diminution de l'intensité de l'effort, ainsi que par des inspirations et des expirations profondes.

Lorsque l'exercice aérobie est réalisé à une intensité élevée, la respiration peut diminuer la performance chez des athlètes d'endurance. Deux mécanismes expliquent cela.

Le premier mécanisme consiste en une diminution de l'apport de sang aux muscles actifs à l'exercice. En effet, une intensité d'exercice élevée qui dépasse 85 % de la consommation maximale d'oxygène (VO_2max) peut mener à une augmentation de la quantité d'oxygène utilisée par les muscles respiratoires, qui peut atteindre 15 % de la consommation totale d'oxygène. Une quantité importante d'oxygène, et donc de sang, est acheminée à ces muscles. En 2000, un groupe de chercheurs a testé des athlètes sur vélo dans diverses conditions respiratoires à une haute intensité. Lorsque l'inspiration était facilitée par l'utilisation d'un appareil conçu à cet effet, la performance des athlètes était plus grande. Ces résultats suggèrent que chez des sportifs de haut niveau, le travail des muscles respiratoires durant un exercice soutenu a une influence significative sur la performance.

Le second mécanisme est la fatigue des muscles respiratoires. En effet, le diaphragme et les muscles abdominaux peuvent perdre de leur capacité à générer de la force lorsque l'intensité de l'exercice est élevée. Cette fatigue peut déclencher un réflexe nommé métaboréflexe qui aura pour effet de réduire l'apport sanguin aux muscles des jambes, limitant ainsi la performance.

Est-ce qu'une technique de respiration contrôlée combinée aux mouvements du sport ou un entraînement de la respiration pourraient diminuer les quantités de sang et d'oxygène acheminées aux muscles respiratoires et ainsi augmenter la performance ? Est-ce que ces méthodes pourraient diminuer la fatigue des muscles respiratoires ? Ces questions demeurent pour le moment sans réponse claire.

Différences entre les hommes et les femmes

On sait que les femmes ont de plus petites voies respiratoires (passage de l'air du nez ou de la bouche jusqu'aux poumons), de plus petits poumons et une plus petite capacité pulmonaire (volume d'air maximal dans les poumons) que les hommes. Ces différences attribuables au sexe peuvent causer une diminution de la performance sportive de haute intensité chez des athlètes féminines participant à des épreuves cardiovasculaires.

Performance et entraînement respiratoire

Certaines études ont montré que l'entraînement de la respiration contre une résistance améliore la force et l'endurance des muscles respiratoires. Cette amélioration n'est cependant pas toujours synonyme d'amélioration de la performance sportive. Toutefois, certains spécialistes suggèrent que l'entraînement spécifique des muscles respiratoires peut favoriser la performance aérobie de haute intensité chez les athlètes dans certains sports. Par exemple, une étude a noté une amélioration de la performance chez des rameuses de haut niveau à la suite d'un entraînement respiratoire.

POWERbreathe est un appareil qui entraîne les muscles de la respiration. Selon la compagnie, il serait efficace pour les athlètes d'endurance, les chanteurs, les musiciens, les personnes asthmatiques et bien d'autres.

L'appareil permet une résistance variable lors de l'inspiration, ce qui pourrait améliorer la force et l'endurance des muscles respiratoires.

LA RÉALITÉ EN BREF

Bien que la respiration soit un phénomène automatique et inconscient, il est possible d'améliorer la performance aérobie à l'aide d'une technique de contrôle de la respiration chez certaines personnes et dans certaines disciplines sportives. De plus, selon certains auteurs, l'entraînement de la respiration pourrait être utile à la performance chez certains athlètes.

Vous avez aimé ce sujet? Lisez:

› Il faut bien respirer quand on fait de la « muscu » (p. 192)

MYTHE ? IL FAUT BIEN RESPIRER QUAND ON FAIT DE LA « MUSCU »

L'entraînement en musculation est une activité physique à dominante énergétique anaérobie, c'est-à-dire que l'énergie nécessaire à sa réalisation peut être produite à l'aide de réactions qui ne nécessitent pas d'oxygène. L'entraînement musculaire peut faire appel à des techniques de respiration différentes que celles utilisées en entraînement aérobie.

Manœuvre de Valsalva

Lors d'un exercice de musculation, le conseil le plus communément donné par les entraîneurs est de ne pas bloquer la respiration pour éviter une manœuvre de Valsalva. En situation normale, la glotte (segment de la gorge) est ouverte, ce qui permet le passage de l'air entre les cordes vocales et la gorge. La manœuvre de Valsalva consiste à bloquer la respiration pendant un bref instant. À ce moment-là, la glotte se ferme, ce qui a pour effet d'augmenter la pression à l'intérieur de l'abdomen et du thorax. Par la suite, la pression artérielle chute brutalement, ce qui augmente les risques d'étourdissement, voire de syncope (perte de connaissance temporaire, causée par une diminution de la quantité de sang acheminée au cerveau). Lorsqu'on exécute des exercices musculaires avec charges, les risques de blessures sont très importants en cas de perte de connaissance momentanée. Imaginez un évanouissement pendant la réalisation d'un *squat* avec charges, surtout si les supports protecteurs ne sont pas positionnés de façon sécuritaire ! En plus des risques d'étourdissement et de syncope, la manœuvre de Valsalva rend le retour du sang vers le cœur plus difficile. Les personnes présentant des facteurs de risque de maladies cardiovasculaires comme l'hypertension, la sédentarité, le tabagisme, certains antécédents familiaux, etc. devraient donc éviter cette manœuvre.

Malgré ces risques, plusieurs exécutent tout de même la manœuvre de Valsalva de manière volontaire lors d'exercices musculaires : elle aura alors pour effet d'élever la pression à l'intérieur du thorax et de contracter les muscles abdominaux, ce qui engendrera une plus grande rigidité ou stabilité du tronc. Cette stabilité augmente la capacité de performance lors du soulèvement de charges lourdes, comme en haltérophilie ou dans toute autre situation nécessitant l'utilisation d'une grande force.

Technique suggérée

Étant donné que l'on conseille d'éviter de bloquer sa respiration pour des raisons de sécurité, quelle est la technique de respiration suggérée par les spécialistes de l'entraînement ?

Lors du mouvement pendant un exercice musculaire, une contraction musculaire se produit. Cette dernière se découpe en deux phases : d'abord, le muscle se raccourcit (mouvement concentrique), puis il s'allonge (mouvement excentrique). Par exemple, lors d'une flexion au coude avec haltère, le muscle se raccourcit lorsque la charge est soulevée et se rapproche des épaules. Ensuite, le muscle s'allonge lorsque la charge descend et s'éloigne des épaules.

Revenons à la respiration. En situation où il y a un mouvement, on suggère d'expirer lors du raccourcissement des muscles contractés et d'inspirer lors de l'allongement des muscles contractés. Par exemple, dans un développé couché au banc avec barre – communément appelé *bench press* –, l'inspiration se fait lors de la descente de la barre vers la poitrine, et l'expiration lors de la montée.

La respiration utilisée par la plupart des gens lors d'un exercice musculaire avec mouvement est conforme à la technique expliquée précédemment. Pour la majorité, la respiration se fait de façon naturelle et automatique en musculation. Il est important de noter que l'apprentissage de la technique de respiration ne devrait pas limiter l'acquisition de la technique de mouvement ou primer sur celle-ci.

Lors d'un exercice musculaire sans mouvement, les muscles contractés ne changent pas de longueur. Dans ce cas, la respiration doit être maintenue pour éviter la manœuvre de Valsalva, qui entraînerait une variation importante de pression pouvant occasionner un étourdissement. Plusieurs exercices isométriques sollicitent les muscles abdominaux comme muscles stabilisateurs du tronc. Pour que l'on soit en mesure de respirer profondément, les muscles de l'abdomen doivent se relâcher, ce qui va à l'encontre de la réalisation de certains exercices qui nécessitent une stabilisation du tronc. La planche abdominale en position horizontale près du sol, avec appui sur les avant-bras et les orteils, en est un exemple: les muscles abdominaux peuvent difficilement se relâcher pour permettre une inspiration et une expiration profondes. Selon la position adoptée et le poids corporel, une certaine force de contraction des abdominaux est exigée afin de maintenir une position adéquate lors de l'exécution de cet exercice. Dans ce cas, on suggère d'adopter une respiration constante d'amplitude réduite. Ce type de respiration permet de ne pas trop relâcher la contraction abdominale et, ainsi, de diminuer les risques d'inconfort ou de blessures au niveau du bas du dos.

Dans certaines méthodes d'entraînement, comme l'approche Pilates, le contrôle de la respiration fait partie intégrante de l'exécution des exercices. Par exemple, on exige parfois de faire plusieurs expirations forcées consécutives pour augmenter la sollicitation du muscle transverse, muscle profond de la paroi abdominale qui joue un rôle important dans la stabilisation du tronc. D'autres approches, comme le yoga ou la méthode Alexander, mettent l'accent sur une technique de respiration conscientisée.

LA RÉALITÉ EN BREF

Que ce soit pendant l'exercice aérobie ou l'exercice musculaire, la respiration se produit généralement de façon automatique et inconsciente. La manœuvre de Valsalva est contre-indiquée si l'on veut diminuer les risques d'étourdissement et éviter les malaises cardiovasculaires chez les individus présentant des facteurs de risques. On suggère donc d'adopter un rythme respiratoire régulier lors de l'exécution d'exercices musculaires. Par contre, la manœuvre de Valsalva pourrait être indiquée lors de la réalisation d'exercices musculaires si on veut produire une plus grande force en augmentant la rigidité du tronc.

Vous avez aimé ce sujet? Lisez:

› Il faut bien respirer quand on fait du «cardio» (p. 187)

MYTHE ? TU NE T'ÉTIRES PAS ? TU TE BLESSERAS !

Faire des étirements musculaires avant l'activité physique est une pratique populaire chez les sportifs depuis les années 1970. Cette habitude se fonde, entre autres, sur la présomption qu'un muscle préalablement étiré risquerait moins d'être blessé pendant l'activité qui suit. Avons-nous affaire à une simple tradition, ou les étirements constituent-ils réellement un moyen efficace de prévenir les blessures ?

Types d'étirements

Avant de répondre à cette question, il est important de décrire les différents types d'étirements. Les étirements statiques sont maintenus pendant une certaine durée. Par exemple, étirer l'avant de la cuisse en tenant la cheville près de la fesse pendant 20 à 60 secondes. Ils sont les plus utilisés dans la pratique sportive, que ce soit pour l'échauffement, le retour au calme ou l'entraînement de la flexibilité. L'étirement statique exécuté pendant l'échauffement est celui qui a été le plus étudié sur le plan de la diminution des risques de blessures. L'étirement dynamique est un étirement actif qui étire et contracte en général les mêmes groupes musculaires que ceux de l'activité physique pratiquée. Par exemple, faire de grands cercles avec les bras, les mains sur les épaules, pendant 20 à 60 secondes. L'étirement balistique est un étirement actif qui comporte un effet de rebond lorsque l'articulation atteint son amplitude maximale. Par exemple, fléchir le tronc en avant en position assise et faire de légers rebonds pendant 20 à 60 secondes. L'étirement facilitateur neuroproprioceptif (FNP) nécessite une assistance pour la plupart des exercices. C'est un étirement statique alterné avec une contraction musculaire sans mouvement alors que le muscle est toujours en position étirée. Par exemple, en position debout, les bras en croix, l'assistant tient les poignets et tire les bras vers l'arrière pendant 15 secondes. Ensuite, le muscle étiré doit être contracté pendant 6 secondes, et on recommence la procédure deux fois. L'étirement FNP est rarement utilisé lors d'un échauffement et davantage employé dans le but d'améliorer la flexibilité.

> **La référence historique** en matière d'étirements est Bob Anderson. Depuis 1980, il a vendu aux États-Unis et dans le monde plus de trois millions d'exemplaires de son livre, *Stretching*, traduit en 24 langues.

Étirement statique des quadriceps

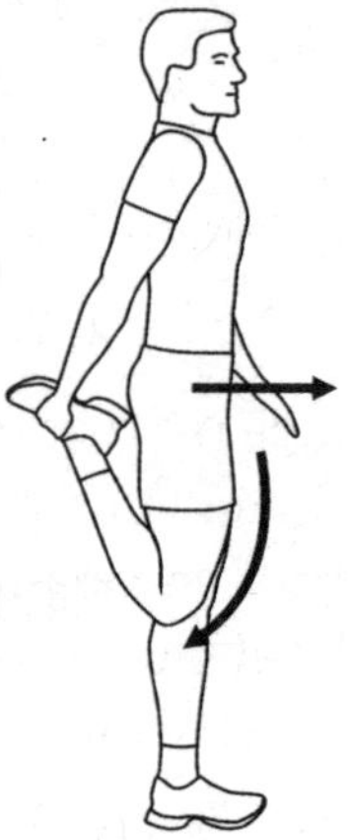

Étirement dynamique des pectoraux et des deltoïdes

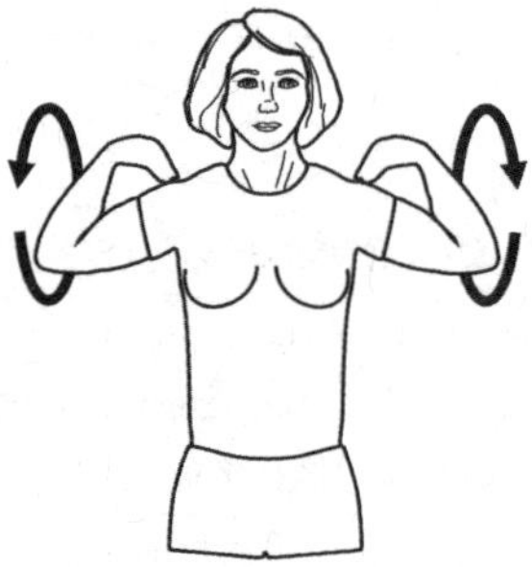

Étirement balistique des muscles de la chaîne postérieure

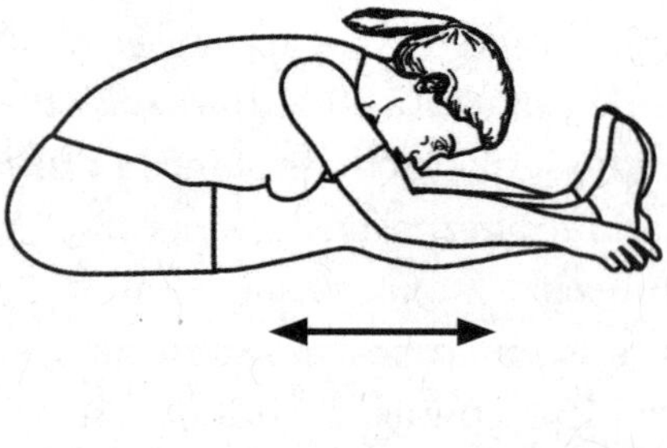

Étirement FNP des pectoraux et des deltoïdes

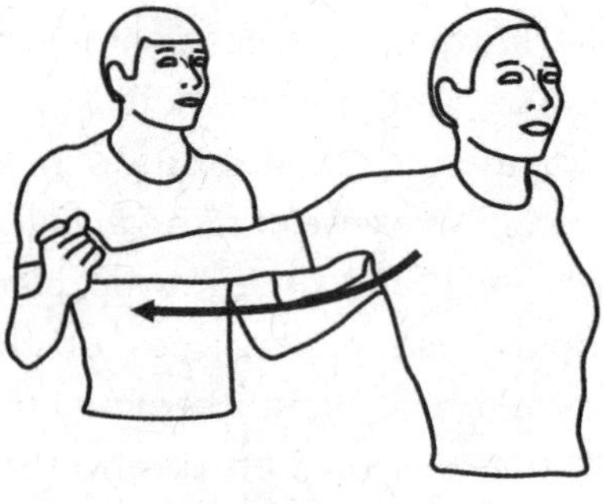

Échauffement et étirements

L'échauffement et les étirements sont des composantes de l'entraînement que les néophytes confondent régulièrement. L'échauffement est une composante essentielle de l'entraînement. Il est constitué de l'ensemble des exercices permettant de préparer physiquement et mentalement l'organisme aux différentes exigences de l'activité physique, de l'entraînement ou de la compétition. Les étirements peuvent en faire partie ou non.

Traditionnellement, l'échauffement était constitué d'une activation cardiovasculaire suivie d'étirements statiques. Cependant, de nos jours, les kinésiologues suggèrent plutôt un échauffement qui exclut les étirements statiques.

Origines de la blessure musculaire

Les causes de la blessure musculaire sont multiples et dépendent de l'état de vigilance, de la température corporelle, du niveau de fatigue, de la préparation du muscle, etc. Selon Ian Shrier, professeur à l'Université McGill, la blessure musculaire découle d'une mauvaise coordination motrice ou de la tension excessive d'un muscle contracté. Les étirements effectués pendant l'échauffement n'auraient pas d'effet positif sur ces facteurs, donc aucun effet sur la prévention des blessures.

Les étirements préparatoires diminuent-ils les risques de blessures ?

Différents auteurs ont suggéré que le sportif qui ne s'étire pas pendant l'échauffement ne risque pas davantage de subir une blessure que celui qui s'étire. Voici quelques raisons qui appuient cette position.

1. Les étirements avant l'exercice n'ont aucun effet lorsque l'activité physique pratiquée n'exige qu'une faible amplitude de mouvement (p. ex., vélo, marche rapide, course à pied).
2. Les étirements pourraient diminuer la coordination entre les muscles qui se contractent (agonistes) et ceux qui doivent se relâcher (antagonistes) pendant le mouvement. Cette diminution pourrait être à l'origine de blessures comme l'élongation musculaire de l'ischiojambier (muscle arrière de la cuisse) qui doit être en coordination avec le quadriceps (muscle avant de la cuisse) lors d'un sprint.

3. Les élongations ou déchirures musculaires se produisent régulièrement pendant des activités impliquant des contractions excentriques, c'est-à-dire lorsque le muscle s'allonge. Les étirements préalables ne semblent pas diminuer les risques associés à ce type de contraction.
4. Une longue séance d'étirements avant l'exercice peut causer des microtraumatismes aux muscles, ce qui pourrait augmenter les risques de blessures pendant l'exercice. De plus, les étirements prolongés d'amplitude maximale peuvent accentuer les courbatures.
5. Les étirements peuvent camoufler la douleur musculaire et permettre des mouvements qui ne pourraient pas être exécutés en temps normal.

Les étirements pendant l'échauffement, toujours une polémique !

En dépit des conclusions énoncées précédemment, certains auteurs suggèrent que les étirements avant l'activité physique contribuent à améliorer la coordination motrice, à réduire les tensions musculaires et à préparer la jonction entre le muscle et le tendon à subir des tensions élevées. Ces différentes adaptations suggèrent une diminution possible des risques de blessures.

Diminuer les risques de blessures : l'échauffement

Les auteurs ne sont pas tous du même avis sur l'utilité des étirements pendant l'échauffement. Cependant, ils s'entendent pour dire que l'échauffement actif est une composante essentielle de l'entraînement. L'échauffement provoque différentes adaptations physiologiques, comme une élévation de la température, une diminution de la résistance élastique musculaire et tendineuse et une augmentation de la production de synovie (liquide permettant de lubrifier les articulations). Ces adaptations sont idéales pour diminuer les risques de blessures pendant l'effort.

Voici quelques consignes à respecter durant l'échauffement afin de réduire les risques de blessures pendant l'activité physique :

- L'échauffement devrait avoir une durée minimale de 5 minutes.
- L'échauffement devrait être plus long et d'une intensité plus progressive chez les aînés et lorsque la flexibilité (p. ex., gymnastique), la force (p. ex., haltérophilie), la vitesse (p. ex., soccer) et la puissance (p. ex., hockey) musculaires maximales font partie des exigences physiques de l'activité pratiquée.

- L'échauffement spécifique est à préconiser. Ce type d'échauffement se compose d'exercices en lien avec l'activité physique pratiquée. Par exemple, des accélérations avec changements de directions pourraient faire partie d'un contenu d'échauffement spécifique au soccer.
- Les étirements dynamiques et statiques sont recommandés pendant l'échauffement qui précède les activités sportives exigeant une importante amplitude de mouvement (p. ex., le ballet, le patinage artistique, l'escalade, la gymnastique).
- Pendant l'échauffement, les étirements dynamiques sont à privilégier. Des étirements statiques peuvent tout de même être exécutés en respectant les recommandations du point suivant.
- Pendant un échauffement, on recommande de ne pas maintenir les étirements statiques plus de 30 secondes, de ne pas rechercher une amplitude maximale et de ne pas dépasser 6 à 8 minutes de durée totale d'étirements pour ne pas augmenter les risques de blessures et ne pas nuire à la performance sportive.

LA RÉALITÉ EN BREF

La majorité des entraîneurs et des kinésiologues recommandent actuellement l'échauffement sans étirements statiques avant une activité. Malheureusement, la science n'a pas réussi à déterminer clairement si les étirements au cours de l'échauffement permettent de réduire les risques de blessures pendant l'effort. Cependant, les scientifiques ont un avis unanime sur ce point : l'échauffement est essentiel pour diminuer les risques de blessures !

Vous avez aimé ce sujet ? Lisez :

- Étire-toi : tu performeras mieux ! (p. 200)
- Un retour au calme actif : une vraie perte de temps ! (p. 204)
- La musculation rend moins flexible (p. 76)

MYTHE ? | ÉTIRE-TOI : TU PERFORMERAS MIEUX !

Au thème précédent, nous avons expliqué les effets des étirements avant l'exercice sur les risques de blessures. Maintenant, une autre question se pose : est-ce que le fait de s'étirer avant l'activité peut améliorer la performance sportive ?

La réalité

Les étirements statiques (position maintenue pendant une certaine durée) avant l'exercice sont de moins en moins populaires auprès des sportifs. La raison en est simple : plusieurs études récentes ont démontré leurs effets néfastes sur la performance sportive. Toutefois, quelques études montrent malgré tout, en certaines circonstances, l'efficacité des étirements sur la performance sportive lorsqu'ils sont réalisés pendant l'échauffement.

Effet sur la force et la puissance musculaires maximales

Aucune étude n'a pu prouver les effets bénéfiques des étirements lors de l'échauffement sur une performance en force ou en puissance musculaires maximales. En fait, une vingtaine d'entre elles ont même démontré qu'à la suite de tous les types d'étirements, la force et la puissance diminuent. La diminution de force maximale pouvait atteindre jusqu'à 25 % dans certaines études et a pu être mesurée jusqu'à une heure après la réalisation des étirements. Une diminution de performance pouvant aller jusqu'à 10 % a été mesurée aux tests de sauts. Ces derniers sont régulièrement utilisés pour évaluer la puissance musculaire maximale. L'affirmation faisant état des effets négatifs des étirements préparatoires sur la performance en force et en puissance maximales repose sur des bases scientifiques solides. En fait, ces effets ont été mesurés chez les hommes et les femmes, les enfants et les adultes, les athlètes et les sportifs récréatifs, les gens actifs et inactifs, en situation d'échauffement ou non.

Les effets les plus néfastes sur la performance en force et en puissance musculaires maximales ont été enregistrés à la suite d'étirements statiques prolongés et d'étirements facilitateurs neuroproprioceptifs (FNP). Les étirements dynamiques ont causé les plus faibles diminutions de performance et certaines études n'en ont même observé aucune.

La diminution de force maximale mesurée à la suite de l'étirement pourrait être attribuable, en partie, au fait que l'étirement positionnerait les éléments du muscle (sarcomères) permettant la contraction à une longueur défavorable au développement d'une force maximale. Généralement, un muscle développe une force musculaire maximale lorsqu'il est à sa longueur de repos ou presque.

Effet sur le coût énergétique de la course

Une amélioration du coût énergétique de la course signifie une moindre consommation d'oxygène et donc moins d'effort pour une même vitesse de déplacement. Les étirements avant l'exercice amélioreraient ce paramètre chez les individus ayant les muscles fléchisseurs de la hanche (p. ex., psoas) ou les muscles extenseurs de la hanche (p. ex., grand fessier) trop tendus. Cette consommation d'oxygène moins élevée est synonyme d'une diminution de la dépense énergétique et de la perception de l'effort, ce qui provoquerait une amélioration de la performance.

Effet sur la flexibilité

Les étirements avant l'exercice peuvent augmenter temporairement la flexibilité. Cette augmentation favorise la performance lors d'activités physiques exigeant une grande amplitude de mouvement, comme le ballet ou la prestation d'une contorsionniste de cirque.

Généralement, les étirements visant l'augmentation durable de la flexibilité ne doivent pas être réalisés avant un entraînement ou une compétition.

Un dilemme se pose lorsque la force ou la puissance maximales, ainsi que la flexibilité, sont requises par l'activité, comme en gymnastique ou en escalade. Pour ces activités, il faudrait considérer à la fois les bénéfices et les effets néfastes potentiels sur la performance avant de décider de faire ou de ne pas faire des étirements. Un bon échauffement contenant des étirements actifs ou des étirements statiques d'une durée de moins de 30 secondes serait conseillé avant d'entreprendre ce genre d'activités.

Il est aussi important de préciser les effets à long terme des étirements sur la performance sportive. En fait, l'amélioration durable de la flexibilité qui suit l'exécution régulière d'étirements ne nuit en rien à la performance sportive. Elle pourrait même contribuer à une meilleure performance dans une activité qui exige une grande flexibilité (p. ex., karaté).

La majorité des équipes professionnelles de baseball exécutent une longue routine d'étirements – qui dure souvent au moins 1 heure – pendant leur échauffement, avant le match. Est-ce que la performance au baseball requiert suffisamment d'amplitude de mouvement pour justifier autant d'étirements préparatoires ?

Améliorer la performance sportive : l'échauffement

Grâce à l'augmentation de la température et du débit cardiaque, de la fréquence et de l'amplitude respiratoires, de la vitesse de contraction musculaire, du taux de production de la force, de l'accélération des réactions métaboliques et d'autres adaptations physiologiques qu'il provoque, il est clair que l'échauffement est essentiel pour améliorer la performance sportive. De plus, il produit des réponses psychologiques favorables à la performance, comme la diminution des craintes de blessures et l'augmentation de la concentration et de l'attention. Un échauffement spécifique est à privilégier si on veut améliorer la performance sportive : il sera composé d'exercices techniquement simples qui mobiliseront graduellement les articulations et les groupes musculaires sollicités par les mouvements de l'activité pratiquée. Ces exercices seront exécutés jusqu'à l'obtention d'une amplitude de mouvement, d'une vitesse et d'une force de contraction similaires à celles imposées par la tâche sportive.

Voici un exemple d'échauffement spécifique d'environ 10 minutes pour le hockey :

- 5 minutes de patinage à vitesse modérée en faisant le tour de la glace ;
- mouvements de fentes latérales dynamiques pendant 1 minute ;
- mouvements de rotation du tronc pendant 1 minute ;
- 5 accélérations en augmentant graduellement la vitesse sur une distance couvrant la moitié de la patinoire.

LA RÉALITÉ EN BREF

En vue d'une performance sportive où la force et la puissance musculaires maximales sont déterminantes, on déconseille de s'étirer pendant l'échauffement, surtout avec des étirements maximaux et prolongés. Toutefois, lorsque la flexibilité est l'une des qualités essentielles de la performance, les étirements de courte durée peuvent être utiles. Tout autant que pour diminuer les risques de blessures, l'échauffement est primordial pour favoriser une performance optimale.

Vous avez aimé ce sujet ? Lisez :

- Tu ne t'étires pas ? Tu te blesseras ! (p. 195)
- Un retour au calme actif : une vraie perte de temps ! (p. 204)
- La musculation rend moins flexible (p. 76)

MYTHE ? UN RETOUR AU CALME ACTIF : UNE VRAIE PERTE DE TEMPS !

C'est connu, l'effort physique représente un stimulus pour l'organisme et mène à un ensemble d'ajustements et d'adaptations à court, moyen et long termes. Pour ces raisons, les spécialistes de l'activité physique recommandent à l'unanimité de faire un échauffement actif avant tout effort physique. Ce type d'échauffement sert de préparation et de transition vers la période de stress que représente l'activité physique. Il est bien connu que l'échauffement actif prépare le corps à l'effort, réduit les risques de blessures et améliore la performance physique. En suivant ce raisonnement, devrions-nous inclure le retour au calme actif comme composante essentielle de la séance d'activité physique ? Le retour au calme actif est-il aussi nécessaire que l'échauffement pour la raison inverse, c'est-à-dire pour assurer la transition de l'effort vers le repos et ainsi accélérer et faciliter la récupération ?

Est-ce vraiment un mythe ?

Le fait d'intégrer une période active de retour au calme à la séance d'activité physique a gagné en popularité durant les dernières années. Un grand nombre d'entraîneurs et de kinésiologues la prescrivent à leurs athlètes ou à leurs clients. La quasi-totalité des équipes sportives d'élite l'ont incorporée à leur routine d'entraînement ou d'après match. Plusieurs équipes professionnelles de hockey et de soccer ont popularisé cette composante auprès des autres athlètes de niveau inférieur en imposant systématiquement à leurs joueurs une période de vélo ou de jogging d'intensité faible à modérée après les entraînements et les matchs. Pour analyser l'utilité de la période active de retour au calme, il faut pouvoir répondre à cette question : quels mécanismes physiologiques associés à la récupération sont facilités ou accélérés par une période active de retour au calme, en comparaison avec une période de repos passif ? Ensuite, il faut se demander si toutes les activités physiques causent un niveau de fatigue suffisant pour que les sportifs qui s'y adonnent puissent bénéficier d'une méthode qui favoriserait et accélérerait le retour à l'état de repos.

Les faits connus

Voici une liste des supposés bienfaits généralement attribués au retour au calme actif. Exposons les faits relatifs à ces allégations.

1. **Le retour au calme actif accélère l'utilisation et l'élimination du lactate dans le sang.**
   Une activité de type aérobie de faible intensité, comme le vélo stationnaire avec une faible résistance, accélère l'élimination du lactate dans le sang. Toutefois, ce phénomène n'apparaît pas comme un avantage puisque le lactate n'est pas à l'origine de la fatigue musculaire. Il n'y aurait donc pas de bénéfices à accélérer son élimination.

2. **Le retour au calme actif réduit l'apparition des courbatures.**
   Les études sur ce sujet n'arrivent pas toutes aux mêmes conclusions. Certaines mentionnent qu'un retour au calme actif n'a pas d'effet sur les courbatures 48 heures après l'effort. Toutefois, d'autres études observent une diminution des courbatures. L'effet réel du retour au calme actif sur les courbatures n'a donc pas encore été démontré.

3. **Le retour au calme actif permet une moins grande baisse de performance dans les jours qui suivent un effort exigeant.**
   Sur ce point encore, les résultats des études sont contradictoires. Certaines recherches rapportent une moins grande diminution de la performance dans les jours qui suivent un effort, après un retour au calme actif, comparativement à un repos passif. À l'opposé, d'autres concluent qu'il n'y a pas de différence sur ce point entre les deux types de retour au calme (actif et passif).

4. **Le retour au calme actif permet une élimination plus rapide des indicateurs de dommages musculaires, comme la créatine kinase.**
   La mesure de la quantité de l'enzyme créatine kinase dans le sang constitue un indicateur valide de dommages musculaires à la suite d'un exercice

vigoureux. Les résultats d'études tendent à démontrer que l'élimination de cette enzyme, dans les jours qui suivent l'effort, est accélérée par un retour au calme actif de courte durée (7 minutes). Ainsi, si l'on se fie à la créatine kinase comme indicateur, il semble que le retour au calme actif permet une amélioration plus rapide de l'état des muscles endommagés, en raison d'une augmentation de la quantité de sang dirigée vers ces muscles. Ce type de retour au calme pourrait être avantageux lorsqu'un autre effort doit se produire dans les heures ou les jours qui suivent.

5. **Le retour au calme actif favorise le retour du sang vers le cœur et augmente la vitesse de récupération de la fréquence cardiaque.**
L'effort physique fait augmenter la fréquence cardiaque. Il produit aussi une hausse au débit sanguin, notamment dans les muscles actifs. Après l'arrêt de l'exercice, la fréquence cardiaque diminue. Une activité de type aérobie de faible intensité favorise le retour du sang vers le cœur comparativement à un repos en position immobile. Ce retour est facilité par l'action des muscles sollicités, surtout ceux des membres inférieurs. Cette facilitation permet au cœur de distribuer le sang de façon plus globale, évitant ainsi qu'une grande partie du sang ne reste trop longtemps dans les muscles préalablement actifs, négligeant ainsi les organes. En outre, la position couchée dorsale favorise aussi le retour du sang en diminuant l'effet de la gravité. Notons qu'une action minimale des muscles des membres inférieurs, comme marcher pour se diriger vers le vestiaire, favorise également le retour du sang vers le cœur.

Plusieurs recherches scientifiques ont établi l'efficacité de méthodes alternatives qui ont un effet semblable au retour au calme actif lorsqu'elles sont appliquées immédiatement après l'effort. Le massage, les bains contrastes et le port de vêtements de compression font partie des procédures qui facilitent le retour du sang vers le cœur.

Par ailleurs, un retour au calme actif augmente la vitesse de récupération de la fréquence cardiaque. Six minutes après l'effort, la fréquence cardiaque atteint des valeurs moins élevées pendant un retour au calme actif qu'au cours d'un repos passif.

Il est important de noter que ces études démontrent l'efficacité du retour au calme actif en le comparant à une période de repos en position assise immobile. Il est permis de se questionner sur l'efficacité d'une activité normale comportant un minimum d'activité musculaire, comme se déplacer en marchant. Nous pouvons avancer que la véritable recommandation serait d'éviter de rester immobile après un effort physique d'une certaine intensité.

LA RÉALITÉ EN BREF

Le retour au calme actif de faible intensité ne comporte aucun inconvénient reconnu. Toutefois, son utilité n'est clairement établie que lorsqu'on le compare au repos immobile. Ainsi, toute activité minimale ou de faible intensité telle que la marche peut être utilisée comme retour au calme. Comme son nom l'indique, le retour au calme a l'avantage d'assurer une transition agréable du stress de l'exercice vers un état plus détendu.

Vous avez aimé ce sujet? Lisez:

- Tu ne t'étires pas? Tu te blesseras! (p. 195)
- Étire-toi: tu performeras mieux! (p. 200)

MYTHES ET RÉALITÉS

SUR L'ENTRAÎNEMENT ET LA SANTÉ

La pratique d'activités physiques pour améliorer l'état de santé est de plus en plus répandue dans notre société, mais la frontière entre le mythe et la réalité reste floue. Permet-elle réellement de prolonger la durée de vie ? Peut-elle diminuer les risques de contracter une infection comme la grippe ? Quels sont ses risques pour la santé chez la femme enceinte ? Ce chapitre vous fournira toutes les réponses à ces questions et à bien d'autres.

MYTHE ? | M'ENTRAÎNER, ÇA ME DONNE DE L'ÉNERGIE !

Les personnes qui pratiquent des activités physiques émettent souvent des commentaires sur la sensation de bien-être que leur procure l'exercice et sur l'augmentation d'énergie ressentie pendant l'effort ou dans leur vie en général. Certains, par contre, diront que l'exercice augmente leur niveau de fatigue physique. Essayons d'éclaircir la situation.

Loi de l'adaptation

L'adaptation est une loi biologique fondamentale qui soutient que l'organisme s'ajuste aux différentes demandes de son environnement. L'exercice physique est un puissant stimulus qui peut conduire à différentes adaptations. Nous pouvons distinguer deux types d'adaptations : l'adaptation immédiate et temporaire se produisant pendant l'exercice (p. ex., augmentation de la fréquence cardiaque), et l'adaptation durable et à long terme se produisant après plusieurs périodes d'exercice (p. ex., amélioration de l'aptitude aérobie).

Adaptation temporaire et hausse de l'énergie

Dès le début de l'exercice, l'activation du cœur, des poumons, des vaisseaux sanguins et des muscles actifs est assurée par la mise en jeu concertée des systèmes nerveux et hormonal. Le stress occasionné par l'exercice stimule le système nerveux, ce qui provoque une activation du système hormonal, qui favorise à son tour l'augmentation de la concentration sanguine en adrénaline et en noradrénaline. Le rôle principal de ces hormones est de faciliter la réponse à une demande énergétique lors d'exercices physiques ou face à un danger. Voici quelques exemples concrets d'adaptation temporaire causée par l'augmentation de l'adrénaline et de la noradrénaline : accélération du rythme cardiaque, redistribution sanguine vers les muscles actifs, hausse de la pression artérielle, dilatation des bronches du système pulmonaire et stimulation de la sécrétion de sueur. En raison de ces adaptations, il est normal d'avoir l'impression de ressentir une hausse d'énergie durant l'activité physique qui pourra perdurer quelques heures après.

L'augmentation de la sécrétion de noradrénaline, de dopamine et de sérotonine causée par l'exercice physique pourrait diminuer les risques de dépression.

Adaptation temporaire et fatigue

Comme l'exercice se caractérise par une dépense énergétique, il est possible de ressentir une fatigue durant ou après l'effort, qui varie en fonction de la durée ou de l'intensité de l'activité physique. Par exemple, pendant un effort aérobie de longue durée, des adaptations immédiates comme la diminution des réserves de glucides (sucres), la déshydratation, un déséquilibre dans les sels minéraux en circulation, une perte d'efficacité du système digestif ou une diminution de l'endurance musculaire peuvent toutes entraîner une sensation de fatigue pendant et après l'effort physique. Un temps de récupération sera essentiel pour retrouver le niveau d'énergie qui précédait l'exercice.

Adaptation durable et à long terme

Les différents aspects de la condition physique - notamment la capacité aérobie, la force, l'endurance et la puissance musculaires maximales et la flexibilité - peuvent être améliorés grâce à des activités physiques utilisant des méthodes et des contenus spécifiques pour chacun d'eux.

L'énergie dépensée durant un 100 m est d'environ 31 kcal, soit l'équivalent de 8 g (½ c. à soupe) de sucre. L'énergie dépensée par un homme de 70 kg durant un marathon est approximativement de 2800 kcal, soit environ l'équivalent de son apport alimentaire pendant une journée complète.

Ces adaptations ont pour effet de rendre les activités de la vie quotidienne moins exigeantes, ce qui donne à l'individu une sensation d'énergie disponible plus importante. Par exemple, grâce à l'amélioration du VO_2max, les activités aérobies de la vie quotidienne comme le déplacement à vélo, la marche ou la montée d'un escalier demanderont moins d'effort. De façon plus précise, la montée des marches d'un escalier à un rythme assez rapide exige une dépense énergétique environ huit fois supérieure à celle de repos (28 ml/kg/min d'oxygène). Si le VO_2max d'un individu est de 35 ml/kg/min d'oxygène, la montée des marches lui demandera l'utilisation d'environ 80 % de son VO_2max. Par contre, si son VO_2max est de 56 ml/kg/min d'oxygène, la montée des marches n'exigera que 50 % de son VO_2max, soit un effort d'une intensité beaucoup plus faible. Par conséquent, grâce à une bonne condition physique, la réalisation des activités de la vie quotidienne entraînera une fatigue moins grande.

La terminologie et les abréviations utilisées pour les unités de mesure de dépense énergétique créent régulièrement de la confusion. En fait :

1 grande calorie = 1 kilocalorie = 1 kcal = 1 Cal (avec un C majuscule) = 4,2 kilojoules (kJ)

1 petite calorie = 1 calorie = 1 cal (avec un c minuscule) = 4,2 joules (J)

La dépense énergétique est encore trop souvent exprimée en « calorie », alors que « kilocalorie » est le terme adéquat. Bien que la mesure de la dépense énergétique soit souvent exprimée en kilocalories, l'unité du système international est le joule.

Énergie, hormones et neurotransmetteurs

Différentes hormones ou différents composés chimiques libérés par les neurones (neurotransmetteurs), comme les endorphines, la sérotonine et la dopamine, voient leur sécrétion modifiée lors de l'exercice physique. Par exemple, pendant la pratique d'un exercice prolongé, la sécrétion d'endorphines procure une sensation de bien-être qui limite la perception de fatigue. Les exercices d'intensité modérée augmentent la production de dopamine et de sérotonine, qui peuvent avoir une influence favorable sur l'humeur.

LA RÉALITÉ EN BREF

L'activité physique génère un stress qui augmente l'état d'éveil, ce qui occasionne une sensation d'énergie rehaussée. Toutefois, ce stress entraîne aussi une dépense énergétique pouvant mener à de la fatigue qui entraînera un besoin de récupération. À plus long terme, l'amélioration de la condition physique permet de réaliser les activités de la vie quotidienne avec plus de facilité, laissant une sensation de conservation d'énergie. De plus, les hormones ou les neurotransmetteurs secrétés pendant l'exercice, comme les endorphines ou la sérotonine, peuvent avoir un impact sur la perception d'énergie.

Vous avez aimé ce sujet? Lisez:

- Plus on s'entraîne, moins on est malade! (p. 215)
- Une bonne suée: rien de mieux pour éliminer les toxines! (p. 219)

MYTHE ? | PLUS ON S'ENTRAÎNE, MOINS ON EST MALADE !

Les infections des voies respiratoires supérieures sont parmi les plus répandues. Différents virus affectant les voies respiratoires supérieures peuvent toucher la population. Le virus associé au rhume compte plus de cent formes chez l'homme. L'influenza, plus communément appelée la grippe, est quant à elle causée par trois types de virus (A, B et C), le plus connu étant la grippe A (H1N1) de 2009-2010 !

La grippe A (H1N1), apparue en avril 2009, a occasionné une vague de mortalité (environ 16000 décès dans le monde) moins grave que ce qu'on avait craint initialement, malgré son risque élevé de contagion. À titre comparatif, en 1918, la grippe espagnole tua environ 40 millions d'individus.

La pratique régulière d'activités physiques entraîne de multiples bénéfices pour la santé. Les plus reconnus sont une diminution des risques de maladies cardiovasculaires, de diabète et d'ostéoporose. Est-il possible que l'exercice réduise aussi les risques de contracter la grippe ou le rhume ? Est-il possible que plus on s'entraîne longtemps à une intensité élevée, moins on risque de contracter la grippe ou le rhume ?

La forme en « J »

Plusieurs études ont démontré que l'exercice physique a une influence sur les risques de contracter un rhume ou une grippe. Cette influence dépend cependant du degré d'activité. La durée et l'intensité de l'exercice ont aussi une influence. Le graphique de la page suivante nous permet de constater que la relation entre les risques d'infections des voies respiratoires et la pratique d'activités physiques adopte une forme en « J ».

Risque de contracter un rhume ou une grippe en fontion du degré d'activité physique

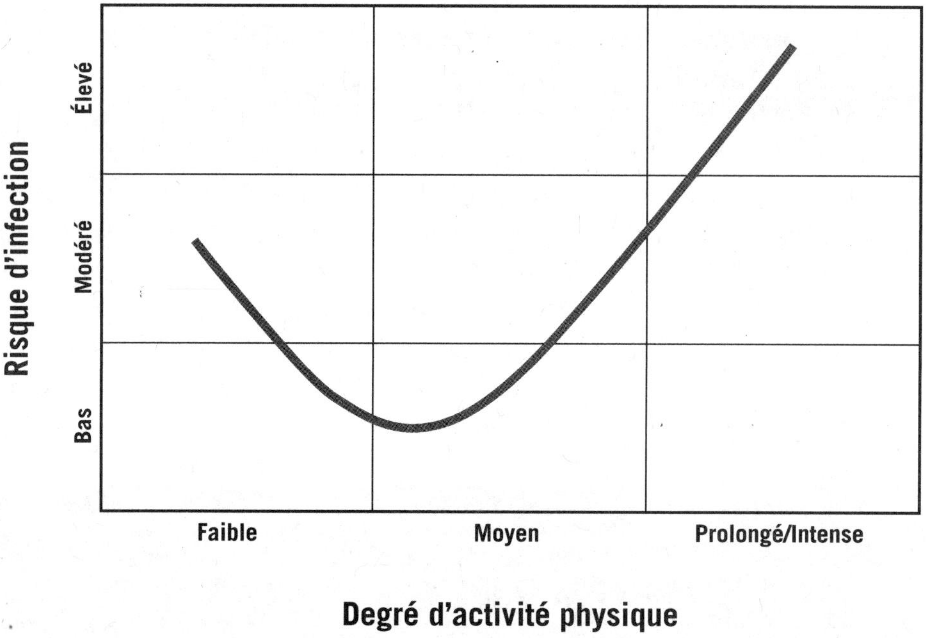

Lorsqu'un individu est inactif, il court des risques modérés d'attraper un rhume ou une grippe. Et lorsque la durée et l'intensité de son activité sont moyennes, le risque d'infection virale est bas. On juge l'intensité d'une activité physique comme moyenne lorsqu'elle n'entraîne pas un état d'épuisement (par exemple, une perception de l'effort de 13 à 16 sur 20 à la fin d'un exercice cardiovasculaire). Une activité physique de durée moyenne est d'environ 20 à 60 minutes. Lorsque l'intensité et la durée de l'activité sont élevées, le risque d'infection des voies respiratoires est également élevé. On juge l'intensité d'une activité physique comme élevée lorsqu'elle occasionne un état d'épuisement chez le participant (par exemple, à la suite d'une partie de hockey, s'il a fourni un effort très intense à chacune de ses présences sur la glace). On juge qu'une activité physique est longue si elle se prolonge pendant plus de 60 minutes. Par exemple, une compétition de triathlon de catégorie Ironman dure en moyenne de 10 à 12 heures ; ce type d'épreuve augmente les risques de développer un rhume ou une grippe.

Prenons comme exemple concret de cette forme en « J » une étude ayant examiné les risques d'infection des voies respiratoires chez des coureurs de fond sur une période d'un an. Ceux qui couraient plus de 1386 km durant l'année risquaient davantage de contracter une infection des voies respiratoires que ceux qui avaient couru moins de 778 km. En 1990, une autre étude réalisée auprès de 2311 participants au marathon de Los Angeles révèle que les athlètes qui avaient couru 97 km ou plus par semaine durant les semaines précédant le marathon avaient eu deux fois plus d'épisodes infectieux que ceux qui avaient couru 32 km par semaine. Un autre résultat de cette étude indique qu'après leur participation au marathon, 13 % des coureurs avaient attrapé un rhume ou une grippe durant la semaine ayant suivi la course. Par contre, chez les coureurs ayant eu la même préparation physique, mais qui n'avaient pas participé au marathon, le taux d'apparition de ce type d'infection n'avait été que de 2 %. Plusieurs études ont confirmé par la suite ces différents résultats.

Les hypothèses

L'exercice physique de durée et d'intensité moyennes réduit l'inflammation et améliore la réponse du système immunitaire face aux rhumes et aux grippes. On croit que ce mode d'exercice provoque la production d'hormones de stress qui diminue l'inflammation excessive à l'intérieur des voies respiratoires et qui augmente la protection immunitaire contre les virus.

Toutefois, lors de la pratique d'activités physiques intenses et de longue durée, on observe une diminution temporaire de l'efficacité du système immunitaire. Cette baisse d'efficacité, qui durerait de un à trois jours, rend l'organisme plus sensible aux virus respiratoires. Des études supplémentaires sont toutefois nécessaires pour préciser quels sont les mécanismes qui expliquent les effets de la pratique de l'activité physique sur les risques de contracter un rhume ou une grippe.

LA RÉALITÉ EN BREF

L'activité physique, d'une durée et d'une intensité modérées, pratiquée régulièrement engendre de nombreux bienfaits pour la santé, parmi lesquels une diminution des risques d'attraper un rhume ou une grippe. Cependant, des exercices dont l'intensité et la durée sont excessives peuvent augmenter les risques d'infection des voies respiratoires.

Vous avez aimé ce sujet ? Lisez :

- M'entraîner, ça me donne de l'énergie ! (p. 211)
- Une bonne suée : rien de mieux pour éliminer les toxines ! (p. 219)

MYTHE ? UNE BONNE SUÉE : RIEN DE MIEUX POUR ÉLIMINER LES TOXINES !

Qui n'a jamais entendu dire que suer pendant un exercice physique était un excellent moyen d'éliminer les toxines, surtout au lendemain d'une soirée bien arrosée ? Certaines médecines non traditionnelles suggèrent la sudation comme moyen de purification du corps.

Plusieurs constats nous portent à croire aux bienfaits de l'élimination de toxines par la sueur. La quantité très importante de sueur sécrétée lors d'une poussée de fièvre peut faire croire à une plus grande élimination de toxines capable de vaincre la maladie. L'odeur associée à la transpiration est souvent liée à l'élimination de toxines. En outre, on entend fréquemment l'affirmation selon laquelle la sueur consécutive à l'acte sportif serait particulièrement chargée en toxines puisque l'exercice physique en favoriserait la production. Cependant, existe-t-il véritablement un lien entre la sudation et l'élimination des toxines ?

Plusieurs animaux comme le chien, le chat et les oiseaux ont une sudation quasi inexistante. Pourtant, ces animaux ne souffrent pas d'une accumulation de toxines qui ne seraient pas éliminées par le processus de transpiration !

Qu'est-ce qu'une toxine ?

Une toxine est une substance toxique, ou un poison, pour un ou plusieurs organismes vivants. Elle peut être d'origine animale (p. ex., venin de serpent), végétale (p. ex., belladone ou algues bleu vert), fongique (p. ex., champignon vénéneux), bactérienne (p. ex., streptocoque) ou chimique (p. ex., métaux lourds comme le plomb).

La diarrhée est une des formes importantes de libération de toxines par l'organisme.

Qu'est-ce que la sueur ?

La sueur, liquide composé à 99 % d'eau, est sécrétée par les glandes sudoripares pour être ensuite rejetée à l'extérieur du corps. On distingue deux types de glandes sudoripares : les glandes eccrines et les glandes apocrines.

Napoléon Bonaparte était favorable à une bonne suée : « Les grandes randonnées, les courses exténuantes, une chasse pendant tout un jour, voilà mon secret. Je suis dispos si je sue. »

Les glandes eccrines se trouvent sur presque tout le corps : la sueur qu'elles produisent est quasi inodore et s'élimine par les pores de la peau. Ainsi, grâce à l'évaporation de la sueur, le corps pourra contrôler sa température. Dans un environnement normal, sans exercice, la quantité de sueur évaporée atteint en moyenne 350 ml par jour. Toutefois, l'exercice impose un refroidissement corporel afin de contrer la production de chaleur : en situation extrême, la sueur excrétée pendant l'exercice peut atteindre jusqu'à 3 litres par heure chez certains individus ! Il est donc vrai de dire que la quantité de sueur sécrétée peut être nettement plus grande durant l'exercice qu'au repos.

Les phéromones, qui sont des substances chimiques agissant comme messagers, peuvent être secrétées dans la sueur chez les humains. Des études ont montré que les phéromones ont une influence sur le choix du partenaire sexuel.

Aussi étonnant que cela puisse paraître, la sueur est formée à partir du plasma sanguin, qui est le composant liquide du sang. La sueur contient environ 99 % d'eau. Le 1 % restant est composé principalement de minéraux qui sont les électrolytes sanguins. En général, sa composition, pour 1 litre, est de : 0,9 g de sodium, 0,2 g de potassium, 0,015 g de calcium, 0,0013 g de magnésium. La composition minérale de la sueur durant l'activité physique varie en fonction de sa durée et de l'adaptation à l'exercice et à la chaleur. D'autres éléments sont présents en quantité infime dans la sueur, comme la vitamine C, le lactate, l'acide pyruvique, l'acide urique, l'ammoniaque, l'urée, certains acides aminés et certaines protéines. De plus, des traces de métaux lourds comme le cuivre, le zinc, le chrome, le nickel et le plomb se trouvent aussi dans la sueur.

Chez l'être humain, les glandes sudoripares apocrines, qui ne se manifestent qu'à partir de la puberté, se trouvent sous les aisselles, sur la peau autour de l'anus et autour des mamelons. La composition de base de la sueur provenant des glandes sudoripares apocrines est la même que celle sécrétée par les glandes sudoripares eccrines. Toutefois, les sécrétions des glandes sudoripares apocrines contiennent aussi des molécules organiques (lipides et protéines). Les bactéries se trouvant sur la peau transforment ces molécules, ce qui occasionne la typique « odeur de transpiration ».

Des toxines dans la sueur?

En 1962, une étude visait à faire l'analyse biochimique de la sueur au repos et pendant l'exercice. Les résultats ont mené à une conclusion simple: la sueur n'est pas toxique. Certains objecteront que des métaux lourds comme le plomb, présents en quantité significative dans l'organisme, se trouvent dans la sueur et qu'ils sont considérés comme des toxines. Toutefois, chez les individus sains, les métaux lourds trouvés dans la sueur sont en quantité infime, et ces traces ne sont pas suffisantes pour qu'on puisse parler de détoxication par processus de sudation. En outre, comme on peut le voir au thème traitant de l'acide lactique, le lactate n'est pas une toxine, mais plutôt un sel de l'acide lactique.

LA RÉALITÉ EN BREF

Comme on l'a vu précédemment, la fonction principale de la sudation est la thermorégulation corporelle. La détoxication, ou élimination des toxines, ne semble pas être rendue possible par la sudation, occasionnée par l'augmentation de chaleur produite par l'exercice.

Vous avez aimé ce sujet? Lisez:

- M'entraîner, ça me donne de l'énergie! (p. 211)
- Plus on s'entraîne, moins on est malade! (p. 215)

MYTHE ? TU T'ENTRAÎNES ENCEINTE ? C'EST DANGEREUX POUR TON BÉBÉ !

« Quand la maman est gaie, le fœtus est ivre. » Cette expression se rapporte aux risques courus par le fœtus lorsqu'une femme enceinte consomme de l'alcool. Cette dernière est de plus en plus informée et consciente des habitudes de vie et des comportements à adopter pour minimiser les risques pour la santé de l'embryon et du fœtus. Essayons de clarifier et de préciser les risques réels encourus lorsque la femme enceinte pratique une ou des activités physiques.

Des risques traditionnels

La croyance selon laquelle la pratique régulière d'activités physiques présente des risques pour le fœtus et la femme enceinte se perpétue encore aujourd'hui. Pourtant, l'inactivité physique est maintenant reconnue par le milieu scientifique comme un facteur de risque plus important pour la santé du fœtus et de la femme enceinte que la pratique régulière d'activités physiques.

Fausses couches, fausses croyances !

Auparavant, l'exercice physique était associé à une augmentation des risques de fausse couche, des risques liés à la grossesse tardive, d'anomalie congénitale et de perturbations de la croissance. Cette croyance, aujourd'hui démentie par la science, se fondait sur deux faits physiologiques. Premièrement, on craignait que la température corporelle interne augmente trop au cours de l'exercice physique et nuise au fœtus. Deuxièmement, on redoutait que l'exercice physique entraîne une redistribution trop importante du sang oxygéné, des nutriments et des carburants énergétiques vers les muscles actifs, ce qui aurait pu entraver l'apport d'oxygène et d'éléments nutritifs à l'embryon ou au fœtus. Des recherches récentes, portant à la fois sur le conditionnement aérobie et sur le conditionnement musculaire pendant la grossesse, ont démenti les risques mentionnés auparavant. Il semble même que la pratique d'activités physiques diminue sensiblement les risques d'accouchement prématuré, de complications liées à l'accouchement, de détresse fœtale, de césarienne et de complications néonatales.

Faire le bon choix d'activité physique

Il reste tout de même que la pratique de certaines activités physiques par la femme enceinte comporte des risques de chute ou de contacts physiques violents qui pourraient provoquer un traumatisme chez le fœtus. Pour cette raison, la future maman devrait choisir des activités où les risques de perte d'équilibre et de collisions sont réduits au minimum. Elle devrait aussi être consciente que la prise de poids durant la grossesse entraîne un changement du centre de gravité qui a pour effet d'augmenter les risques de chute. De plus, pendant les semaines précédant l'accouchement, les risques de blessures articulaires ou ligamentaires peuvent aussi augmenter à la suite d'une production accrue de l'hormone relaxine. Ce changement hormonal peut causer une instabilité articulaire, elle-même provoquée par une souplesse anormale des ligaments (qui relient un os à un autre os). Alors que la grossesse avance en semaines, on déconseille de pratiquer des activités physiques comme le hockey sur glace, le ski alpin, le basketball, l'équitation ou le soccer. De plus, la plongée sous-marine est contre-indiquée dès le début de la grossesse, étant donné que l'embryon et le fœtus ne sont pas protégés contre certains risques mortels liés à cette pratique sportive. La marche rapide, le vélo stationnaire, le ski de fond en terrain peu accidenté, la natation ou la musculation seraient plutôt à privilégier.

Entraînement en musculation : risqué ou non ?

L'entraînement en musculation ne présente, en général, aucun risque pour la santé de la femme enceinte. Toutefois, on doit préciser certains détails.

Après environ 16 semaines de grossesse, certaines femmes enceintes courent des risques de malaises, de faiblesses ou d'étourdissements en position couchée sur le dos. Ces symptômes possibles sont causés par une diminution de l'apport sanguin venant de la partie inférieure du corps. En effet, l'utérus dilaté peut exercer une pression sur la veine cave inférieure ou sur une artère majeure (aorte abdominale). Pour cette raison, ces femmes devraient éviter la position couchée sur le dos pendant l'exercice ou dans toute autre situation.

Les muscles abdominaux sont fortement sollicités pendant la grossesse. Une bonne condition des muscles grands droits, obliques et transverses de l'abdomen peut aider à supporter le poids du bébé durant cette période. En outre, une force et une endurance musculaires appréciables de ces muscles diminueront les risques de maux de dos, favoriseront le maintien d'une bonne posture et pourront aider à l'accouchement lors des poussées. En général, entraîner les muscles abdominaux pendant la grossesse ne comporte aucun risque. Cependant, chez environ 30 % des femmes enceintes, il se produit une séparation des muscles grands droits de l'abdomen qu'on nomme diastase ou diastasis. Pour vérifier la présence d'une diastase des grands droits, la femme enceinte peut positionner deux doigts 4 cm sous le nombril. Si elle perçoit une ouverture, c'est probablement un signe de diastase. Dans ce cas, on conseille de consulter son médecin avant d'entraîner les muscles abdominaux, afin de ne pas accentuer la diastase.

Diastase

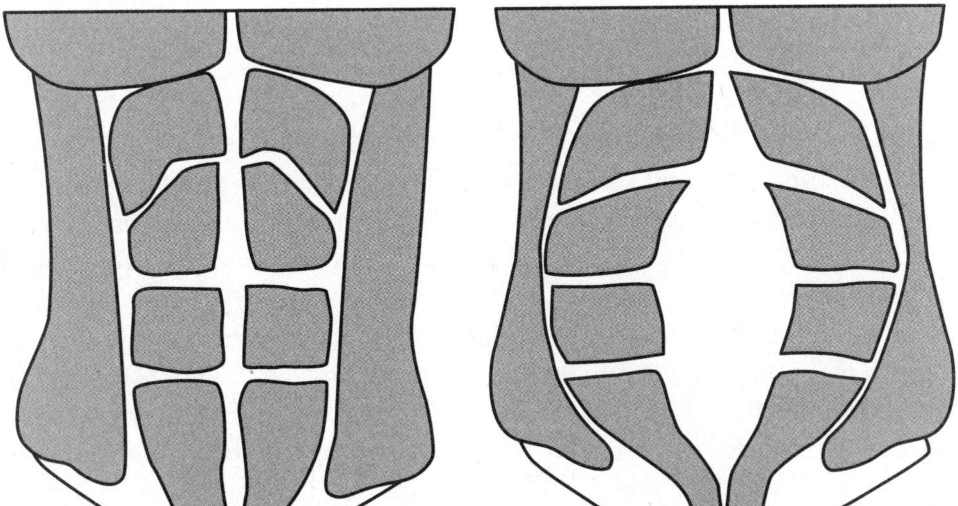

Séparation du muscle grand droit de l'abdomen

Des études récentes montrent que les enfants de mères physiquement actives durant la grossesse tolèrent mieux le stress physiologique lié à la naissance, ont un pourcentage de graisse un peu moins élevé jusqu'à l'âge de cinq ans, des habiletés motrices supérieures à l'âge d'un an et de meilleures performances intellectuelles à cinq ans que les enfants de mères inactives physiquement durant la grossesse.

Les muscles du plancher pelvien se situent au niveau du bassin. Les exercices renforçant ces muscles, débutés peu de temps après l'accouchement, pourraient réduire le risque d'incontinence urinaire. Les exercices de Kegel peuvent renforcer les muscles du plancher pelvien. Par exemple, en position couchée les genoux fléchis, les muscles autour de l'urètre et du vagin sont contractés pendant 6 secondes de façon à ressentir qu'ils vont vers le haut et l'intérieur. On ne devrait pas ressentir une contraction des muscles des fesses ou de l'abdomen. Un minimum d'une dizaine de contractions répétées à trois reprises, quotidiennement, est conseillé.

Par ailleurs, il est important d'éviter de bloquer la respiration lors de la réalisation d'exercices de renforcement musculaire: la manœuvre de Valsalva (voir page 192) augmente les risques de syncope et de surcharge cardiaque chez les personnes présentant des facteurs de risques de maladies cardiovasculaires.

Quand? À quelle fréquence? À quelle intensité?

L'activité physique peut être pratiquée du premier au dernier trimestre de la grossesse. Pour certaines femmes, le deuxième trimestre s'avère un moment privilégié, une fois que les nausées et les vomissements ont disparu et avant que les limites physiques du troisième trimestre n'apparaissent.

L'entraînement physique de la femme enceinte, comme celui de tous les types d'individus, devrait être progressif et individualisé. L'idéal serait qu'elle soit déjà active; toutefois, pour les femmes qui ne le sont pas, la grossesse ne devrait pas empêcher l'initiation progressive à l'activité physique. L'objectif principal est de maintenir un certain niveau de condition physique sans toutefois chercher à atteindre de nouveaux sommets! De toute façon, la grossesse n'est pas un moment idéal pour commencer ou poursuivre des compétitions sportives.

Consultez votre médecin

La Société canadienne de physiologie de l'exercice dresse une liste de certaines contre-indications relatives et absolues quant à la pratique d'activités physiques chez la femme enceinte.

Contre-indications absolues	Contre-indications relatives
> Rupture des membranes > Travail préterme > Hypertension de grossesse > Diamètre anormalement grand du col de l'utérus > Retard de croissance fœtale > Grossesse multiple (≥ triplés) > Localisation anormale du placenta après la 28e semaine > Saignements persistants durant le 2e ou le 3e trimestre > Diabète de type I non maîtrisé, maladie de la thyroïde ou autre trouble grave de nature cardiovasculaire, respiratoire ou générale	> Avortement spontané lors d'une grossesse préalable > Naissance prématurée lors d'une grossesse préalable > Trouble cardiovasculaire léger ou modéré > Trouble respiratoire léger ou modéré > Anémie (Hb < 100 g/l) > Malnutrition ou trouble alimentaire > Grossesse multiple après la 28e semaine > Autres problèmes médicaux importants

En plus des contre-indications relatives et absolues, on recommande à la femme enceinte de cesser l'activité physique et de consulter un médecin si pendant la pratique de l'exercice elle ressent l'un des symptômes suivants :

- nausées, vertige ;
- changement soudain de la température corporelle ;
- saignement vaginal ;
- respiration difficile ;
- palpitations ;
- fréquence cardiaque anormalement élevée qui ne baisse pas à l'arrêt de l'activité ;
- évanouissement ;
- douleurs violentes au pubis, au dos, à l'abdomen ou au thorax, douleurs apparentées à celles liées aux contractions utérines ;
- douleur ou enflure des mollets.

LA RÉALITÉ EN BREF

Lorsque sa grossesse est sans complications, la femme devrait être encouragée à adopter un mode de vie sain qui comprend des exercices aérobies et musculaires, qu'elle soit déjà active ou non. Le choix de l'activité physique devrait être fait en tenant compte des différents risques que cette dernière pourrait comporter pour la grossesse.

Vous avez aimé ce sujet ? Lisez :

› M'entraîner, ça me donne de l'énergie ! (p. 211)

MYTHE ? | POUR VIVRE PLUS VIEUX : L'ACTIVITÉ PHYSIQUE

Selon Statistique Canada, les Canadiens nés entre 2005 et 2007 vivront en moyenne 80,7 ans, soit 2,3 ans de plus que ceux qui sont nés en 2000. L'espérance de vie des Canadiens, en constante progression, est certainement influencée par leur mode de vie. L'activité physique nous permet-elle de vivre plus longtemps ?

Qu'en pensent les rats ?

Le rat, qui partage la très grande majorité de son patrimoine génétique avec l'homme, mais qui a une espérance de vie beaucoup plus courte que ce dernier, a été utilisé comme modèle pour étudier les effets de l'exercice régulier sur la durée de vie. Les études sur ce sujet suggèrent que l'activité physique peut allonger la vie. Par exemple, une étude a démontré que la pratique régulière d'activités physiques prolonge la vie des rats de 15 %. Sans que la moyenne d'âge ne soit différente, une autre étude a démontré qu'il y a davantage de rats actifs vivant plus vieux.

> **L'écrivain et diplomate français Jean Giraudoux** a dit : « Faites défiler les vieillards d'un pays et vous connaîtrez l'état de ses sports. »

Les universitaires de Harvard disent OUI !

Environ 17000 finissants des universités Harvard et de Pennsylvanie ont participé à une étude cherchant à établir des liens entre le niveau d'activité physique et la durée de vie. Les résultats de cette étude, portant uniquement sur des hommes, montrent qu'une activité physique entraînant une dépense énergétique de plus de 2000 kcal par semaine (environ

30 minutes par jour, à une intensité modérée) réduit le risque de mort prématurée de 33 %. Une dépense énergétique avoisinant 3500 kcal par semaine (p. ex., 10 km de course, cinq jours par semaine, pour un individu de 70 kg) réduirait le risque de mort prématurée de 50 %. Lorsque la dépense énergétique augmente au-delà de 3500 kcal, les avantages demeurent les mêmes.

L'acteur, compositeur et scénariste américain Milton Berlea a dit : « Mon médecin m'a dit récemment que de faire du jogging allongerait mon espérance de vie. Il avait raison. J'ai l'impression d'avoir dix ans de plus. »

Ces résultats confirment la diminution des risques de mort prématurée, mais prouvent-ils un prolongement de la vie ? Une autre étude portant sur le lien entre la durée de vie et la pratique d'activités physiques a été réalisée sur plus de 5000 hommes et femmes qui dépensaient environ 2000 kcal par semaine lors d'exercices. Les résultats de cette étude suggèrent un prolongement de la durée de vie d'environ deux ans chez les individus qui ont pratiqué ces activités physiques toute leur vie.

Les athlètes finlandais disent OUI !

Une étude finlandaise a permis de constater un prolongement de la durée de vie d'environ cinq ans et demi chez des athlètes d'endurance. En fait, ces chercheurs ont retrouvé 2675 anciens athlètes finlandais ayant participé aux Jeux olympiques (entre 1920 et 1965) dans des sports aérobies comme le ski de fond et la course à pied et ont comparé leur durée de vie avec celle d'individus inactifs. Les résultats montrent une durée de vie de 75,6 ans pour les anciens athlètes et de 69,9 ans pour les sédentaires.

Il n'est jamais trop tard !

Une étude suédoise publiée en 2009 a démontré que chez des individus entamant la pratique régulière d'activités physiques après l'âge de 50 ans, l'espérance de vie après 10 ans de pratique était la même que chez ceux qui avaient été actifs toute leur vie. En plus, les chercheurs de l'Université d'Uppsala mentionnent que si la pratique régulière d'activités physiques débute après l'âge de 50 ans, les bénéfices pour la santé sont aussi importants que ceux obtenus par l'arrêt du tabagisme au même âge.

Le record de longévité humaine légalement prouvée (par des actes d'état civil) est à ce jour toujours détenu par la Française Jeanne Calment, décédée en 1997, qui a atteint l'âge de 122 ans.

Au moment d'écrire ces lignes, Antisa Khvichava, une Géorgienne vivant actuellement à Sachino dans le Caucase avec toute sa famille, serait âgée de 131 ans. Néanmoins, l'authenticité des papiers de la vieille dame qui dit être née en 1880 est contestée. L'histoire ne dit pas quel a été le niveau d'activité physique de ces dames au cours de leur longue vie !

Pourquoi l'activité physique ?

L'activité physique pratiquée régulièrement (30 minutes quotidiennement à une intensité modérée) diminue les risques de maladies cardiovasculaires, de diabète de type II, d'obésité, d'ostéoporose, de certains cancers (côlon, sein, prostate, paroi interne de l'utérus) et de dépression. Cette baisse de risques explique principalement pourquoi la pratique régulière d'exercices physiques a le potentiel d'allonger la vie.

L'activité physique et les saines habitudes de vie sont déterminantes

Une équipe de chercheurs de l'Université de Cambridge (Royaume-Uni), en partenariat avec le Medical Research Council, a mené, pendant 14 ans (entre 1993 et 2007), une enquête auprès de 20 244 individus, parmi lesquels 1 987 sont décédés en cours d'enquête. L'étude cherchait à déterminer l'impact du mode de vie sur l'espérance de vie. Les résultats obtenus suggèrent que les habitudes de vie à maintenir sont : de ne pas fumer et, quotidiennement, de maintenir une consommation d'alcool égale ou inférieure à un demi-verre, une consommation de cinq fruits et légumes et de l'exercice physique pendant une demi-heure. Si chacune de ces habitudes de vie est maintenue, l'espérance de vie augmente de 14 ans ! Le cumul des quatre facteurs de risques (tabac, alcool, carence en fruits et légumes et en exercice physique) multiplie le risque de décès par 4,4; de trois facteurs, par 2,5; de deux facteurs, par près de 2; et finalement, un seul facteur multiplie le risque de décès par 1,4.

LA RÉALITÉ EN BREF

La pratique régulière d'activités physiques diminue les risques de mort prématurée et prolonge la vie d'environ deux à six ans. Mais surtout, elle permet de préserver une autonomie dans la vie quotidienne, augmentant ainsi l'espérance d'une vie active.

Vous avez aimé ce sujet? Lisez:

› Trop vieux pour l'exercice! (p. 233)

MYTHE ? | TROP VIEUX POUR L'EXERCICE !

Dans un avenir proche, la population vieillissante du Canada et du Québec subira un accroissement considérable, peut-être même le plus important des nations industrialisées. Malheureusement, certaines personnes croient que l'activité physique devrait être réservée aux plus jeunes. D'ailleurs, en 2010, selon Statistique Canada, seulement 42 % des Québécois âgés de 65 ans et plus ont déclaré faire de l'activité physique dans leurs loisirs. Ce pourcentage est le plus bas de toutes les catégories d'âge. Chez les femmes de 65 ans et plus, il chute même à 36,5 %. D'après le *Guide d'activité physique canadien pour une vie active saine pour les aînés*, 60 % des personnes âgées ne sont pas suffisamment actives pour que leur santé puisse en bénéficier. Le niveau d'inactivité parmi les personnes âgées pourrait même atteindre 79 %, selon les normes utilisées par l'Institut canadien de la recherche sur la condition physique et le mode de vie (ICRCPMV) !

Comme nous l'avons abordé dans le thème précédent, être actif physiquement peut augmenter l'espérance de vie. En plus de prolonger la vie, la pratique régulière d'activités physiques peut aussi augmenter l'espérance de vie active. Voyons comment l'activité physique peut influencer de façon positive la qualité de vie en favorisant le maintien d'une autonomie dans les activités de la vie quotidienne.

Bienfaits pour la santé des exercices aérobies

La pratique régulière d'activités aérobies (30 à 60 minutes, 3 à 5 fois par semaine) permet de repousser de 10 à 20 ans le moment où la consommation maximale d'oxygène atteindra des valeurs proches du seuil d'autonomie fonctionnelle (soit 15 ml/kg/min). Ce seuil correspond à la valeur minimale permettant la réalisation des activités aérobies de la vie quotidienne, comme la marche ou la montée d'escaliers. Contrairement à ce que l'on peut croire, les adultes vieillissants peuvent obtenir la même augmentation relative de la puissance aérobie maximale (10 à 30 %) que les jeunes adultes grâce à un entraînement aérobie.

En 2003, Ed Withlock fut la première personne de plus de 70 ans à courir un marathon en moins de trois heures (2 h 59 min 10 s). En 2012, il récidive en devenant la première personne de plus de 80 ans à courir un marathon en moins de trois heures quarante-cinq (3 h 30 min 26 s).

Il est prouvé que les exercices aérobies d'intensité moyenne à élevée influencent favorablement les facteurs de risque de maladies du cœur. De ces facteurs, nommons l'obésité abdominale qui est associée à une quantité trop importante de gras à l'intérieur de l'abdomen, le profil lipidique qui comprend la mesure des taux de cholestérol ou le métabolisme du glucose qui permet de diagnostiquer le diabète. La diminution de la pression artérielle, chez les personnes qui font de l'hypertension, nécessite seulement la pratique d'activités physiques de basse à moyenne intensité.

Il est aussi prouvé que la santé osseuse de l'aîné influence les risques de fractures lors d'une chute. Les activités aérobies avec impacts comme la marche ont une influence positive sur l'état des os, retardant ainsi l'apparition d'une baisse de masse osseuse (ostéopénie) et réduisant également les risques de fragilité excessive du squelette (ostéoporose).

Bienfaits pour la santé des exercices de force et d'endurance musculaires

La force et l'endurance musculaires sont importantes dans plusieurs activités de la vie quotidienne comme transporter des sacs, soulever un enfant, déplacer un meuble, jardiner, pelleter et bien d'autres. La pratique régulière d'activités physiques peut empêcher la diminution de la force et de l'endurance musculaires causée principalement par la diminution de la masse musculaire liée au vieillissement (sarcopénie). L'évaluation de la force musculaire maximale est un bon facteur de prédiction de l'autonomie dans les activités de la vie quotidienne chez les personnes âgées. D'ailleurs, certaines études ont montré qu'il est possible d'augmenter la force jusqu'à un âge aussi avancé que 95 ans grâce à un entraînement en musculation.

L'entraînement de la force et de l'endurance musculaires peut, lui aussi, diminuer les risques de maladies cardiovasculaires même si les effets sont moins marqués qu'avec l'entraînement aérobie. L'entraînement de la force et de l'endurance musculaires favorise en outre une bonne santé osseuse.

Bienfaits pour la santé des exercices d'équilibre, de proprioception et de coordination

Environ 50 % des femmes âgées de plus de 65 ans sont atteintes d'ostéoporose, à 80 ans c'est presque 100 %. Les personnes âgées, et plus particulièrement celles ayant reçu un diagnostic d'ostéoporose, craignent beaucoup les chutes. Et pour cause ! Chaque année, environ 28 000 Canadiens sont victimes d'une fracture du col du fémur, plus communément nommée fracture de la hanche. Environ 90 % de ces fractures surviennent lors d'une chute. Les fractures, comme celles qui surviennent au niveau du poignet ou du col du fémur, occasionnent une perte importante d'autonomie.

Les Québécois vivent de plus en plus vieux. L'espérance de vie à la naissance, qui était de 45 ans en 1900, atteignait 78 ans en 2000 et passera à 84 ans en 2041 ! Il est essentiel que tout un chacun participe à des activités physiques pour augmenter aussi l'espérance de vie active.

L'entraînement de l'équilibre, de la perception du corps (proprioception) et de la coordination permet de diminuer le risque de chutes chez les aînés. Si l'amélioration de ces qualités s'ajoute à celle de la force, de l'endurance et de la flexibilité, les risques de chutes seront nettement réduits. En outre, la diminution de la crainte de chuter permettra d'augmenter le taux de participation à des activités physiques.

Une étude a mis en lumière que les personnes âgées de 87 à 96 ans amélioraient leur force musculaire de presque 180 % après huit semaines de musculation. Une autre étude portant sur des personnes âgées de 65 à 79 ans a montré que celles-ci pouvaient parcourir une distance plus longue (+40 %) sans s'arrêter, à la suite de 12 semaines d'entraînement.

Bienfaits pour la santé des exercices améliorant la flexibilité

La perte de flexibilité liée à l'inactivité physique et au vieillissement est une autre cause de perte d'autonomie fonctionnelle. La flexibilité joue un rôle important dans la vie quotidienne: pour attacher ses chaussures, monter en voiture, s'habiller, se gratter ou se laver le dos, ainsi que monter et descendre les marches, par exemple. De plus, la perte de flexibilité au niveau de la hanche peut limiter la mobilité, la longueur de la foulée et la vitesse de marche.

Autres effets positifs sur la qualité de vie

La pratique régulière d'activités physiques réduit les risques de maladies dont l'un des facteurs de risques est la sédentarité, notamment les maladies cardiovasculaires, le diabète de type II, l'ostéoporose, certains cancers et l'obésité. En outre, elle peut réduire le stress, l'anxiété et la dépression, préserver certaines facultés cognitives comme la mémoire et l'attention, améliorer le sommeil et l'humeur, réduire les symptômes de l'asthme ainsi que faciliter l'intégration sociale.

LA RÉALITÉ EN BREF

Les études montrent que l'activité physique, pratiquée de façon régulière, produit des améliorations physiologiques qui auront des effets bénéfiques sur la santé et l'autonomie fonctionnelle à tout âge. Comme on l'a vu, il est possible, grâce à la pratique régulière d'activités physiques, d'ajouter de la vie aux années et des années à la vie! Trop vieux pour l'exercice? Soyez-en convaincu, ce n'est qu'un mythe.

Vous avez aimé ce sujet? Lisez:

› Pour vivre plus vieux: l'activité physique (p. 229)

REMERCIEMENTS

Nous tenons à remercier Magali Stoll, Marie-Ève Mathieu, Étienne Boulay, Louise Lecavalier, Sylvain Lemaire (Physigraphe), Alain Charlebois, Paulette Bergeron ainsi que toute l'équipe des Éditions de l'Homme qui ont grandement contribué à la réalisation de ce livre.

BIBLIOGRAPHIE

Par souci de rigueur scientifique et de transparence, et pour permettre au lecteur de les consulter facilement, les références scientifiques de cette édition parue en mars 2012 se trouvent sur le site Internet des Éditions de l'Homme à l'adresse suivante :

editions-homme.com/fichiers/bibliographie-mythes-et-realites.pdf

Des mêmes auteurs :

Mythes et réalités sur la musculation

Mythes et réalités sur la course à pied

Suivez-nous sur le Web

Consultez nos sites Internet et inscrivez-vous à l'infolettre pour rester informé en tout temps de nos publications et de nos concours en ligne. Et croisez aussi vos auteurs préférés et notre équipe sur nos blogues !

EDITIONS-HOMME.COM
EDITIONS-JOUR.COM
EDITIONS-PETITHOMME.COM
EDITIONS-LAGRIFFE.COM

Achevé d'imprimer au Canada
sur papier Enviro 100% recyclé